INHALTSVERZEICHNIS

WARUM IST MÄDCHENARBEIT AN SCHULEN SINNVOLL?

Mädchenarbeit macht Spaß! Und zwar nicht nur den teilnehmenden Mädchen, sondern auch den Pädagoginnen, die sich entschließen, besondere Projekte und spezielle Mädchenstunden in den Unterrichtsalltag zu integrieren. Diese Überzeugung deckt sich mit Erfahrungen, die meine Kolleginnen und Mitstreiterinnen in der haupt- und ehrenamtlichen Mädchenarbeit jahrelang gemacht haben.

Mädchenarbeit ist ein Tätigkeitsfeld, das den Pädagoginnen wie kaum ein anderes Gelegenheit bietet, sich selbst einzubringen. Sich mit sich selbst auseinanderzusetzen, spielt in diesem Zusammenhang eine ebenso wichtige Rolle, wie die Bereitschaft, eigene Erfahrungen weiterzugeben, Ideen verschiedenster Art umzusetzen, das eigene Denken zu überprüfen und gleichzeitig enorm viele neue Impulse zurückzubekommen.

Die Rolle der Mädchen und Frauen in unserer Gesellschaft befindet sich im ständigen Wandel. Es existieren nebeneinander unterschiedliche Erwartungen und Bilder, wie Mädchen zu sein haben und sein dürfen. Die Erfahrung zeigt, dass insbesondere in bildungsfernen Familien traditionelle Rollenverteilungen besonders stark verwurzelt sind. Auch durch die ständige Präsenz der Medien im Alltag der Mädchen werden ihnen, ohne dass sie es bewusst wahrnehmen, bestimmte Verhaltens- und Denkweisen vorgespielt, an denen sie sich im gemischtgeschlechtlichen Unterrichtsalltag orientieren.

Sind die Mädchen jedoch unter sich, brechen zwangsläufig bestehende Rollenmuster auf. Ohne die Anwesenheit von Jungen und Männern müssen die Mädchen einfach alles selbst machen. „Was tun, wenn kein Mann da ist, der den schweren Wasserkasten schleppt?", „Ach so, wenn mich die Spinne stört, muss ich sie wohl selbst vors Fenster setzen.", „Bin ich stolz, dass ich mich eigenständig in der neuen Stadt zurechtgefunden habe."
Die Mädchen merken, dass sie zupacken können, erleben ihre eigenen Fähigkeiten und strengen sich an. Sie können ohne Ablehnung durch gleichaltrige Jungen andere Seiten von sich zeigen. Sie erfahren, wie viel Freude es macht, Neues auszuprobieren.

Wer kennt es nicht, dieses typische Imponiergehabe in der Vorpubertät und Pubertät, wenn Jungen und Mädchen etwas gemeinsam unternehmen? Natürlich kann es amüsant sein, dabei zuzusehen, aber wie herrlich ist es auch, wenn es in der praktischen Arbeit einmal wirklich ums Thema, um die eigentliche Sache geht! Wie produktiv und kreativ sind Mädchen plötzlich, wenn nicht ständig die Fragen mitschwingen: „Wie sehe ich aus?", „Wie sollte ich mich verhalten?", „Was wird von mir erwartet?"

Zudem gibt es insbesondere in diesem Alter Themen, wie z. B. die eigene Sexualität, für die sich Mädchen nur in einem geschützten Rahmen öffnen.

Mädchen erleben im Alltag und in der Schule häufig geschlechtsgemischte Räume. Ihnen ist das Zusammensein mit Jungen vertraut und viele von ihnen haben ihre Freude daran. Doch Mädchen sind unterschiedlich. Während manche in ihrer Freizeit selbstbewusst und unbefangen mit Jungen umgehen, meiden viele Mädchen den direkten Kontakt mit dem anderen Geschlecht. So gibt es Mädchen, die in einem gewissen Alter ausschließlich in reine Mädchengruppen kommen, denn in gemischten Gruppen würden sie „untergehen".
Darüber hinaus gibt es in unserer Gesellschaft nach wie vor Mädchen, die aufgrund ihrer Religion oder anderer Lebenszusammenhänge sehr behütet aufwachsen. Ihre Eltern erlauben es oft nicht, dass sie ihre Freizeit mit Jungen verbringen. Selbst Mädchen, die begeistert mit Jungen interagieren, ziehen sich immer wieder gerne in kleinen Mädchengruppen zurück. Fast alle Mädchen brauchen und genießen es, für eine bestimmte Zeit nur unter sich zu sein. Die Schule als alltäglicher Lernort bietet die idealen Voraussetzungen für einen niedrigschwelligen Einstieg in die Mädchenarbeit. Ob als zusätzliches Nachmittagsangebot oder im Rahmen eines längeren Projekts – ein spezielles Angebot für Mädchen bringt Schülerinnen aus verschiedenen Jahrgangsstufen zusammen, um sich in einer „jungenfreien" Umgebung austauschen zu können. Dort wird für die Mädchen Partei ergriffen. Ihre Bedürfnisse, Interessen, Fähigkeiten, Schwächen und Wünsche werden in den Blick genommen.

Es soll nicht das Ziel sein, den Mädchen ein bestimmtes Lebenskonzept zu empfehlen oder schmackhaft zu machen. Es geht darum, den Mädchen genug Selbstbewusstsein zu vermitteln, damit sie spüren, was sie möchten, und den Mut haben, ihre eigenen Vorstellungen umzusetzen – wie auch immer diese aussehen mögen. Die Mädchen erfahren dabei Hilfe und Rat von Frauen, denen sie vertrauen können, denn Mädchenarbeit ist Beziehungsarbeit, oder positiver ausgedrückt: Die Mädchen gehen mit den Pädagoginnen eine intensive Beziehung ein und umgekehrt. Gleichzeitig entwickeln die Mädchen auch untereinander eine enge Bindung. Im gemeinsamen Agieren in dieser Art Schutzraum entstehen immer wieder gute, intensive Gespräche.
Dieser Band richtet sich an Lehrerinnen und Sozialpädagoginnen, die Mädchenarbeit an Schulen anbieten möchten und auf der Suche nach neuen Ideen sind oder noch nicht recht wissen, wie sie ihr Vorhaben realisieren können.
Die Angebote dieses Buches beziehen sich vorwiegend auf Mädchen zwischen zehn und 15 Jahren. Etliche Angebote sind jedoch auch für jüngere oder ältere Mädchen geeignet.

Dieses Material wurde von einer Praktikerin für Praktikerinnen entwickelt, sodass bewusst auf zu viel Theorie verzichtet wurde. Einige wichtige fachliche Aspekte finden sich jedoch trotzdem im Zusammenhang mit den jeweiligen Angebotsformen und Methoden.

Im ersten Teil des Buches werden zwei umfangreichere Projekte vorgestellt, die über einen längeren Zeitraum mit einer Mädchengruppe bearbeitet werden können und sich zum Beispiel im Rahmen einer Projektwoche an der Schule initiieren lassen. Der zweite Teil bietet zahlreiche Angebote zu verschiedenen Themen, die sich auch für die Bearbeitung in einer Unterrichtsstunde eignen.

Ich wünsche Ihnen viel Erfolg und positive Erfahrungen bei der Arbeit mit Ihrer Mädchengruppe!

Regina Hillebrecht

1. MÄDCHEN-PROJEKTE

Als Mädchen-Projekt wird in diesem Buch ein Angebot verstanden, bei dem sich mehrere Mädchen über einen bestimmten Zeitraum hinweg mit einem Thema beschäftigen und / oder an dessen Ende ein gemeinsames Ergebnis steht. Die Projekte können im Rahmen von wöchentlichen Gruppenstunden, im Rahmen eines Schulprojekts oder als Wochenend- bzw. Ferienangebote laufen. Innerhalb der Projekte entwickeln die Teilnehmerinnen häufig ein starkes Wir-Gefühl und streben eine gute gemeinsame Zeit oder ein erfolgreiches Ergebnis an. Finden die Mädchen einen Bezug zu ihrer eigenen Lebenswelt im Projekt, sind auch das Durchhaltevermögen und die regelmäßige Teilnahme groß. Die Dauer der einzelnen Projekte ist unterschiedlich und hängt vom Aufwand ab.

PROJEKT: LIEBE, FREUNDSCHAFT, SEXUALITÄT

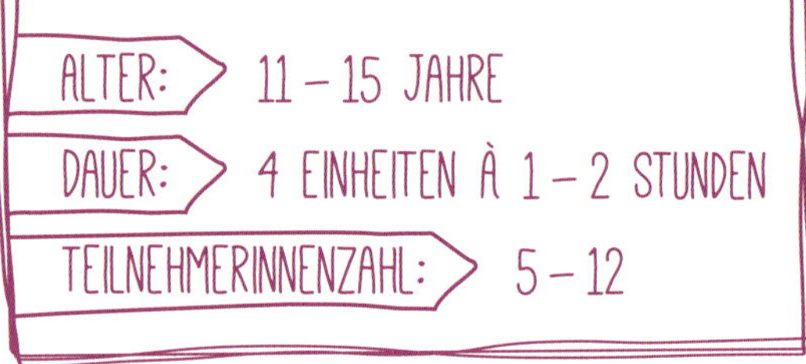
ALTER: 11 – 15 JAHRE
DAUER: 4 EINHEITEN À 1 – 2 STUNDEN
TEILNEHMERINNENZAHL: 5 – 12

Das Projekt besteht aus vier Einheiten, die nicht aufeinander aufbauen. Dadurch können sie auch in einer anderen Reihenfolge angeboten werden. Es ist ebenso möglich, nur die Einheiten durchzuführen, die Sie für Ihre Gruppe am geeignetsten finden.

ZIELE:

- DEN EIGENEN KÖRPER KENNENLERNEN
- UNVERKRAMPFTE KOMMUNIKATION ÜBER SEXUALITÄT

EINHEIT: „DR. SOMMER" – FRAGESTUNDE

Die Fragestunde ist für Mädchen und Lehrerinnen in der Regel sowohl aufregend als auch ein großer Spaß.

Kärtchen, Stifte, Kondome, Bananen, Tampons, Binden, Slipeinlagen, die Pille, Spirale (oder eine Abbildung), Bild eines Querschnitts durch den weiblichen und männlichen Unterleib (z. B. aus einem Aufklärungsbuch), Modell eines Jungfernhäutchen aus Moosgummi

ABLAUF:

Die Materialien liegen griffbereit, für die Mädchen jedoch nicht sichtbar (z. B. in einer Schachtel) und werden gezeigt, wenn es sich bei einer Frage anbietet.
Alle sitzen zusammen. Sie erklären den Mädchen, dass sie die Möglichkeit haben, alle Fragen, die sie zum Thema „Körper, Freundschaft, Liebe und Sexualität" haben, aufzuschreiben. Das können Fragen sein, die sie allgemein zum Thema haben oder Fragen, die sie an Sie persönlich richten wollen. Die Mädchen können bei den Fragen völlig offen und ohne Scham sein, denn nicht sie selbst, sondern Sie werden die Fragen anschließend vorlesen. Für jede Frage wird ein eigenes Kärtchen verwendet. Nach der Einweisung dürfen die Mädchen sich nun so lange allein oder in Kleingruppen zurückziehen, wie sie für die Beschriftung der Kärtchen benötigen, dann kommen alle im Kreis zusammen. Die Kärtchen werden gesammelt und gemischt.

Bevor Sie mit dem Vorlesen beginnen, erklären Sie den Mädchen die **Regeln zur weiteren Vorgehensweise:**

- Die Fragen anderer Mädchen werden nicht abgewertet, denn es gibt keine blöden Fragen.
- Ein humorvoller Umgang mit dem Thema (ohne Auslachen) ist erlaubt.
- Es wird nicht „gepetzt", wer das jeweilige Kärtchen geschrieben hat. Nur die Schreiberin selbst darf verraten, dass die Frage von ihr ist. Zwischenfragen, die den Mädchen plötzlich einfallen, sind jederzeit erlaubt.
- Wenn es einem Mädchen zu viel wird, kann es jederzeit den Raum verlassen.
- Wissen Sie die Antwort auf eine Frage nicht, geben Sie dies offen zu. (Erfahrungsgemäß sind die Fragen der Mädchen für eine erwachsene Frau jedoch relativ problemlos zu beantworten.)
- Ist Ihnen eine Frage zu Ihrer Person zu privat, teilen Sie dies den Mädchen mit. Sie entscheiden, wie viel und was Sie der Gruppe von sich preisgeben möchten.

Sind die Regeln klar, ziehen Sie eine Frage nach der anderen und beantworten sie. Insbesondere bei Fragen zum Thema Freundschaft und bei Beziehungsproblemen ist die ganze Gruppe eingeladen, an der Beantwortung mitzuwirken.
Da erfahrungsgemäß oft Fragen zur Verhütung und dem weiblichen Zyklus gestellt werden, gibt es im Folgenden einige **praktische Hinweise:**

- Um die richtige Handhabung von Kondomen zu demonstrieren und anzuwenden, eignen sich sehr gut Bananen, denn die Mädchen finden den Umgang mit ihnen nicht peinlich, sondern witzig und verlieren schnell ihre Scheu. Haben sie mit Hilfe der Bananen das Abrollen geübt, haben die Mädchen oft Spaß daran, wenn sie die Reißfestigkeit der Präservative, durch Aufblasen oder Wasserbefüllung, testen dürfen. Gerade jüngere Mädchen gehen oft erfreulich unbeschwert mit den Kondomen um.

- Beim Thema „Menstruation" sollte der Unterschied zwischen Binden und Slipeinlagen sowie die Handhabung von Tampons erklärt werden. Um den Mädchen die mögliche Sorge zu nehmen, dass das Rückholbändchen reißen und das Tampon in ihnen stecken bleiben könnte, werden sie aufgefordert, ein ausgepacktes Tampon fest in die Faust zu nehmen und zu versuchen, das Bändchen nach vorne herauszureißen. Ihnen wird so schnell deutlich, wie viel Kraftaufwand dafür nötig ist (falls sie es überhaupt schaffen) und dass ihre Sorge somit unbegründet ist.

- Im Zusammenhang mit der Benutzung von Tampons oder dem ersten Geschlechtsverkehr treten häufig Fragen zum Thema Entjungferung und dem Jungfernhäutchen auf. Viele Mädchen haben Angst, dass das Jungfernhäutchen bei der Benutzung eines Tampons reißen könnte oder sie können sich unter dem Hymen einfach nichts vorstellen. Um mit dem weitverbreiteten Mythos aufzuräumen, dass das Jungfernhäutchen eine Haut ist, die die Scheide verschließt und beim ersten Geschlechtsverkehr „reißt", sollten Sie den Mädchen die Details zu dessen Anatomie möglichst genau erklären: Beim Jungfernhäutchen handelt es sich um ein Gewebe, dass die Scheidenöffnung als eine elastische Umrandung umschließt. Bei jedem Mädchen kann das Jungfernhäutchen anders aussehen: glatt, gefurcht, ausgefranst, gerippt, dicker oder dünner. Manche Mädchen haben sogar überhaupt kein Jungfernhäutchen. Weder bei der Benutzung von Tampons noch beim Sex kann dieses Gewebe somit „durchstoßen" werden, es ist lediglich möglich, dass die Haut an den Rändern leicht einreißt, was teilweise zu Blutungen führen kann.
  Um den Mädchen das Aussehen eines Jungfernhäutchens verständlicher zu machen, schneiden Sie in ein Stück Moosgummi ein entsprechend großes, gezacktes Loch. Decken Sie Ihre eigene Faust nun vorne mit dem Moosgummi ab. So lässt sich den Mädchen mit einem Tampon gut demonstrieren, wie (weit) er eingeführt und wieder herausgezogen wird.

TIPP: Die Bundeszentrale für gesundheitliche Aufklärung bietet viele ansprechende Broschüren für Kinder und Jugendliche zu den Themen „Gesundheit" und „Aufklärung" an. Diese können Sie kostenlos bestellen unter: *www.bzga.de/infomaterialien*

Einheit: Action-Raten

Diese Methode eignet sich gut, um auf lockere Art und Weise über Themen wie Freundschaft, Liebe und Sexualität ins Gespräch zu kommen. Die Mädchen nähern sich spielerisch über verschiedene Begriffe dem Thema an.

Ablauf:

Es werden Kärtchen mit Begriffen vorbereitet (s. Kopiervorlage S. 8). Auf der Karte ist vorgegeben, ob der Begriff pantomimisch, durch Kneten oder Erklären dargestellt werden muss. Die Mädchen werden in zwei Teams eingeteilt, die gegeneinander antreten. Eine Freiwillige des 1. Teams zieht einen Zettel, liest den Begriff leise für sich und versucht dann, ihn auf die genannte Art und Weise, z. B. pantomimisch, ihren Teammitgliedern deutlich zu machen. Dafür steht ihr eine Minute zur Verfügung. Erraten die Teammitglieder den Begriff und die Minute ist noch nicht abgelaufen, darf versucht werden, in der verbleibenden Zeit einen zweiten darzustellen.
Das Team erhält, entsprechend der Anzahl erratener Begriffe, 0 – 2 Punkte. Das Team 2 kommt an die Reihe. Bei den nachfolgenden Durchgängen der beiden Teams sollten möglichst unterschiedliche Mädchen dazu ermutigt werden, die Begriffe darzustellen. Das Team mit den meisten Punkten gewinnt.

Variante:

Bei wenigen Teilnehmerinnen werden keine Teams gebildet, sondern alle Mädchen versuchen gemeinsam, den jeweiligen Begriff zu erraten. Wer ihn als Erste herausfindet, darf den nächsten Begriff darstellen oder ein anderes Mädchen dafür auswählen.

Tipp: Für Mädchen von 10 – 12 Jahren gibt es einen speziell zum Thema „Veränderungen im weiblichen Körper“ konzipierten eintägigen Workshop des MFM-Projekts. In der sogenannten „Zyklus-Show“ wird den Mädchen von geschulten Mitarbeiterinnen auf liebevolle und anschauliche Weise ein positives Bild der Vorgänge im eigenen Körper und alles Wissenswerte im Zusammenhang mit der ersten Menstruation vermittelt.
Das MFM-Projekt hat bereits mehrere Auszeichnungen erhalten und bietet bei Interesse auch Workshops für Jungen und Vorträge für Eltern an. Informationen unter: *www.mfm-projekt.de*

KOPIERVORLAGE: ACTION-RATEN

BEGRIFFE FÜRS ZEICHNEN

die Tage haben	BH	lesbisch
Selbstbefriedigung	Schlussmachen	Zungenkuss

BEGRIFFE FÜR DIE PANTOMIME

Zärtlichkeit	Liebeskummer	schwanger
Liebe auf den ersten Blick	Händchen halten	skypen

BEGRIFFE FÜRS ERKLÄREN

Frauenarzt	Aids	Traumfrau
Verhütungsmittel	Aufklärung	Pubertät

BEGRIFFE FÜRS KNETEN

Herz	Handy	Lippen
Penis	Rose	Tampon

Einheit: Wie bin ich?

Das Spiel eignet sich dazu, auf abwechslungsreiche Art verschiedene Meinungen und Sichtweisen zu den eigenen Moralvorstellungen und der Wahrnehmung der eigenen Persönlichkeit zu diskutieren. Wer letztlich gewinnt, ist im Grunde nebensächlich.

Ziele:

- Selbstbewusstsein entwickeln
- Für eigene Wünsche und Positionen einstehen

Ablauf:

Die Mädchen sitzen zusammen mit Ihnen an einem Tisch. In der Mitte liegen die Papierstreifen mit Fragen und Statements (s. Kopiervorlage S. 10). Jede Teilnehmerin erhält ein Blatt und einen Stift.

Ein Mädchen (A) liest die erste Frage bzw. das erste Statement vor. Dann benennt sie eine andere Mitspielerin (B), von der sie glaubt, dass diese sie gut kennt und einschätzen kann. Anschließend überlegt sich das Mädchen A, wie sehr sie der Frage / dem Statement zustimmt und notiert die Zahl (1 – 8) so auf ihrem Blatt, dass die anderen Mitspielerinnen diese nicht sehen können. Dabei steht 1 für: „Ich stimme absolut zu", „Sehr gut", „Liebe ich", „Sehr wahrscheinlich", und 8 für: „Ich stimme gar nicht zu", „Hasse ich", „Unwahrscheinlich". Die Zahlen dazwischen sind Abstufungen. Hat A ihre Zahl notiert, versucht jede für sich einzuschätzen, wie A geantwortet haben könnte und notiert die entsprechende Zahl auf dem eigenen Blatt. Haben sich alle entschieden, werden die bis dahin verdeckten Blätter umgedreht und die Werte verglichen. Jede Spielerin erhält so viele Minuspunkte, wie ihre Angabe von der Antwort des Mädchens A abweicht: Hat z. B. A den Wert 7 notiert und ein Gruppenmitglied C hat 4 geschätzt, so erhält C 3 Minuspunkte. Das Mädchen A erhält die gleiche Punktzahl wie die von ihr anfangs bestimmte Mitspielerin B. Die Punkte von allen Mädchen werden notiert. Reihum kommen alle Mitspielerinnen mit dem Lesen und Beantworten der Fragen an die Reihe.

Es werden so viele Runden gespielt, wie Interesse besteht. Die Spielerin mit der geringsten Punktezahl gewinnt.

Tipp: Bei jüngeren Mädchen ist es sinnvoll, nur ausgewählte Fragen und Statements zu verwenden.

KOPIERVORLAGE: WIE BIN ICH?

Nur spontaner Sex macht Spaß.	Selbstbefriedigung ist schädlich.
Vielen Jungen fällt es schwer, Gefühle zu zeigen.	Mädchen küssen lieber als Jungen.
Jungen sind dafür zuständig, dass Kondome vorhanden sind.	Mädchen sind streitsüchtiger als Jungen.
Eine lange Partnerschaft ohne Sex ist nicht möglich.	Jungen haben mehr Interesse an Sex als Mädchen.
Kein Sex vor der Ehe.	Ich würde mit der Pille verhüten.
Ich würde nur mit Kondom mit einem Jungen schlafen.	Geborgenheit ist wichtiger als reiner Sex.
Wie stark trifft diese Eigenschaft auf mich zu: selbstbewusst?	Mädchen unter 16 Jahren sollten abtreiben.
Mädchen haben mehr Liebeskummer als Jungen.	Der Charakter eines Menschen ist wichtiger als sein Aussehen.
Wer unsicher ist, wird schneller eifersüchtig.	Wie stark trifft diese Eigenschaft auf mich zu: mutig?
Wie stark trifft diese Eigenschaft auf mich zu: sexy?	Wie stark trifft diese Eigenschaft auf mich zu: humorvoll?
Wie finde ich Miniröcke?	Wie finde ich Tanzen?
Wie finde ich Fernsehen?	Wie finde ich Lesen?
Wie wahrscheinlich ist es, dass ich fremdgehe, wenn sich eine gute Gelegenheit bietet?	Wie wahrscheinlich ist es, dass ich zustimmen würde, wenn meine 13-jährige Tochter die Pille nehmen möchte?
Wie wahrscheinlich ist es, dass ich meinem Freund / meiner Freundin beim Sex zeige, was mir gefällt?	Wie wahrscheinlich ist es, dass ich mit einer Person im Auto mitfahre, die Alkohol getrunken hat?
Wie stark trifft diese Eigenschaft auf mich zu: eitel?	Wie wahrscheinlich ist es, dass ich vor dem 25. Lebensjahr ein Kind bekomme?

Ziele:

- Konfliktlösungskompetenzen entwickeln
- Andere Perspektiven einnehmen können

Einheit: Rollenspiele

Mädchen spielen in der Regel gerne Theater, sodass sich Rollenspiele als Methode anbieten. Anfangs werden manche möglicherweise noch etwas zögerlich sein. Machen Sie Ihnen jedoch Mut und nehmen Ihnen die Sorge, dass sie sich blamieren könnten, sind sie bald mit viel Spaß dabei.

Ablauf:

Die Mädchen sitzen zusammen. Eine Freiwillige liest die erste Rollenspielaufgabe (s. Kopiervorlage S. 12) vor und wählt dann, je nach Rollenspiel, eine oder mehrere zusätzliche Darstellerinnen aus, die Lust haben, mit ihr die Situation nachzuspielen.
Weigert sich das Mädchen, das die Karte gezogen hat, oder eines, das zusätzlich ausgewählt wurde, eine Rolle zu spielen, wird in die Runde gefragt, wer diese Aufgabe stattdessen übernehmen möchte. Finden sich nicht genügend Darstellerinnen, sollte der Grund für diese Schwierigkeit in der Gruppe besprochen werden. Möglicherweise entsteht daraus eine interessante Diskussion. Möglich ist es auch, dass von Ihnen eine Rolle übernommen wird. Nachdem die Darstellerinnen feststehen, sprechen sie sich kurz ab und spielen den anderen dann die Situation vor.
Anschließend kann die gespielte Thematik besprochen und von den Zuschauerinnen mit folgenden Fragestellungen kommentiert werden:

- Welche Lösungen in der Situation fanden sie gut?
- Wie hätten sie gehandelt?
- Kennen sie eine ähnliche Situation aus ihrem eigenen Leben?

Vielleicht haben auch andere Mädchen der Gruppe Lust, das Rollenspiel nochmals mit einem möglicherweise ganz anderen Verlauf zu spielen.

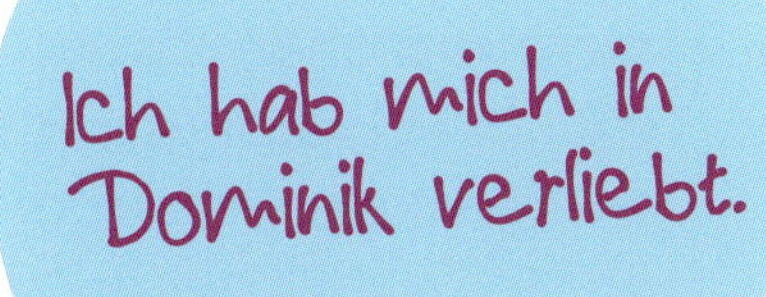

Nachdem das erste Rollenspiel vorgeführt und in der Gruppe über die Situation diskutiert wurde, werden nacheinander auch die anderen Situationen dargestellt. Die Anzahl der Rollenspiele richtet sich nach dem Durchhaltevermögen der Mädchen und danach, wie ausführlich die Situationen gespielt und besprochen werden.

Hinweis:

Wie bereits bei der Einheit „Wie bin ich?“, wurden im Folgenden die Rollenspielaufgaben bewusst so formuliert, dass sich auch Mädchen angesprochen fühlen, die sich nicht zu Jungen, sondern zu Mädchen hingezogen fühlen. Wenn die Teilnehmerinnen beim Vorlesen der Aufgabenkarten irritiert sind, weil z. B. von Traummädchen die Rede ist, erklären Sie ihnen einfach den Grund.

KOPIERVORLAGE: ROLLENSPIELE

ROLLENSPIEL-AUFGABEN:

Deine Freundin erzählt dir, dass ihr ein Mädchen / ein Junge aus der Klasse gefällt. Es ist die gleiche Person, die auch dir gefällt. Wie geht die Geschichte weiter?	Du bist mit zwei Freundinnen im Kino und siehst deinen Traumjungen / dein Traummädchen. Spielt, was du tust, um ihn / sie kennenzulernen!
Eine Freundin erzählt dir im Vertrauen, dass sie sich in ein Mädchen aus ihrer Klasse verliebt hat. Sie ist deswegen verwirrt. Wie geht die Geschichte weiter?	Du willst unbedingt auf eine Klassenfeier gehen, weil du dort deinen Schwarm treffen kannst. Du schreibst aber am nächsten Tag eine wichtige Prüfung. Spielt die Situation nach, in der du deine Eltern überreden willst, dich hingehen zu lassen.
Dein neuer Freund / deine neue Freundin kommt dich zum ersten Mal daheim besuchen. Deine Eltern sind auch zu Hause. Wie läuft das Treffen ab?	Dein Freund / deine Freundin möchte dich gerne küssen und streicheln. Du hast gerade keine Lust. Wie könnte die Situation weitergehen?
Deine Freundinnen sagen dir, dass sie nicht verstehen können, warum du dich mit „DEM Typen“ abgibst. Wie geht die Geschichte weiter?	Dein Freund / deine Freundin sagt, dass es ihn / sie nervt, dass du so viel mit deiner Clique unternimmst. Deine Clique ist aber der Meinung, dass du zu viel bei ihm / ihr bist. Wie geht die Situation weiter?
Ein Junge haut dir immer mal wieder auf den Po. Das kannst du gar nicht leiden. Wie geht die Situation weiter?	Deine Mutter meint, dass es Zeit wäre, dich aufzuklären und dich vor allem Möglichen zu warnen. Spielt diese Situation!
In deiner Klasse sind einige Mädchen, die sich darüber lustig machen, dass du noch nie einen richtigen Freund hattest. Wie geht die Situation weiter?	Du warst mit einem Jungen zusammen. Er wollte unbedingt, dass du mit ihm schläfst. Dir war das aber noch zu früh, deshalb hast du die Beziehung beendet. Jetzt erzählt er überall herum, dass du eine Schlampe bist. Wie geht die Geschichte weiter?

PROJEKT: MÄDCHEN IN ALLER WELT

Inzwischen haben viele Kinder und Jugendliche in Deutschland einen Migrationshintergrund.
Wenn Ihre Mädchen nicht selbst zu dieser Gruppe gehören, haben sie sicher Freundinnen, Klassenkameradinnen oder Bekannte, die aus einem anderen Land kommen oder deren Eltern immigriert sind. Auf der anderen Seite wissen viele Mädchen wenig über andere Länder. Mädchen aus einem bildungsfernen Milieu oder mit einkommensschwachen Eltern haben häufig nicht einmal die Möglichkeit, durch Urlaubsreisen einen Bezug zu einem anderen Land zu entwickeln.
Das Projekt „Mädchen in aller Welt" soll das Interesse der Mädchen an anderen Ländern bzw. Erdteilen wecken. Die Teilnehmerinnen sollen insbesondere für die Gemeinsamkeiten und Unterschiede von Mädchen, die in anderen Ländern leben und aufwachsen, sensibilisiert werden.
Die Entscheidung, welche Länder und Kontinente thematisiert werden, liegt bei Ihnen.
Welche kennen Sie aus eigener Erfahrung? Welche würden Sie selbst gerne einmal näher beleuchten? Kennen Sie Frauen anderer Länder, die Sie während des Projekts dazu einladen können? Sie können sich an der hier vorgenommenen Einteilung in verschiedene Erdregionen orientieren oder die beschriebenen Methoden auf selbst ausgewählte Länder anwenden und entsprechend anpassen. Auch die Anzahl der Projekteinheiten ist variabel, da sie nicht aufeinander aufbauen.

Das Projekt besteht aus den neun Einheiten:

Eine-Welt-Fest

Die Reise beginnt

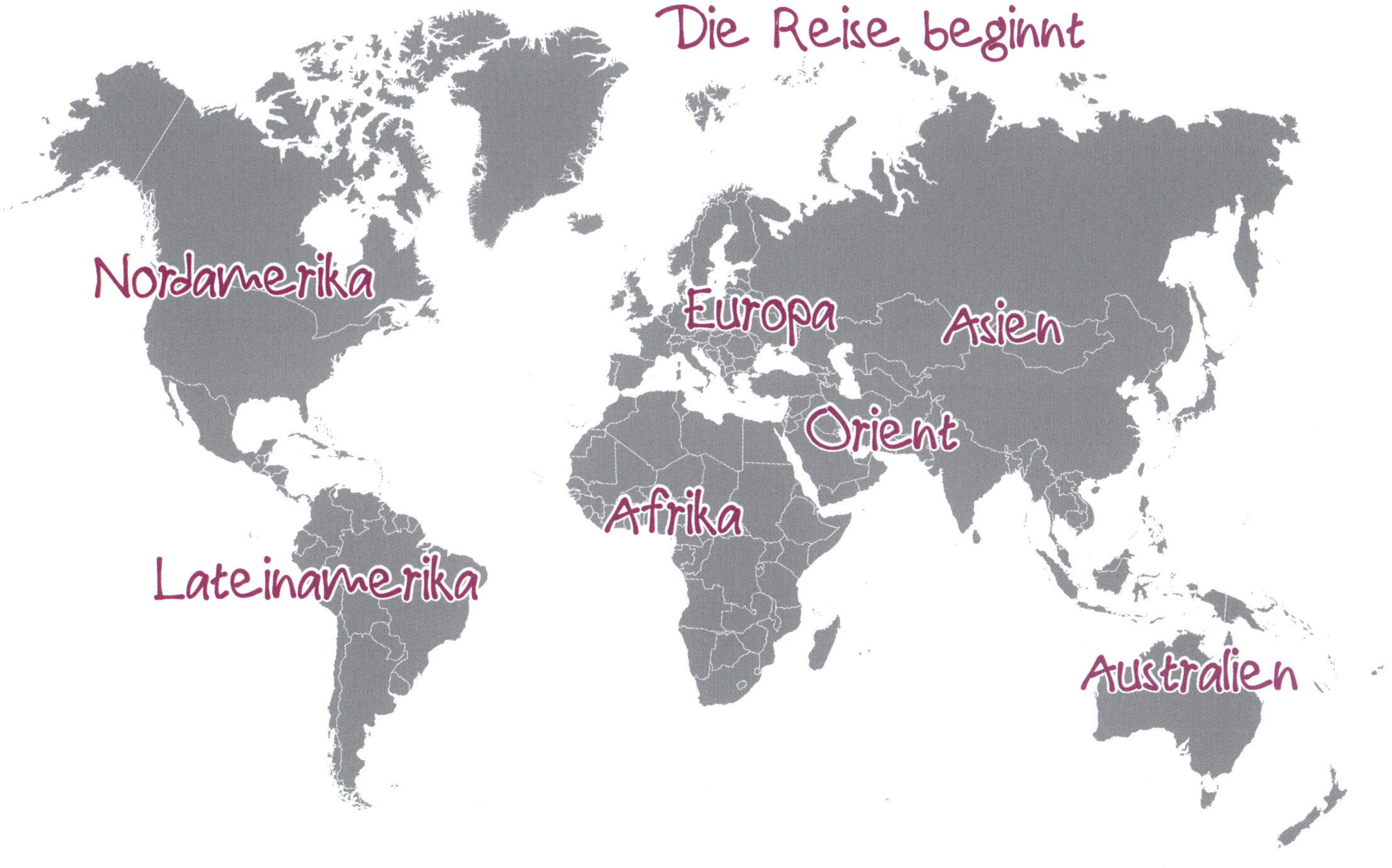

Nordamerika

Europa

Asien

Orient

Afrika

Lateinamerika

Australien

EINHEIT: DIE REISE BEGINNT

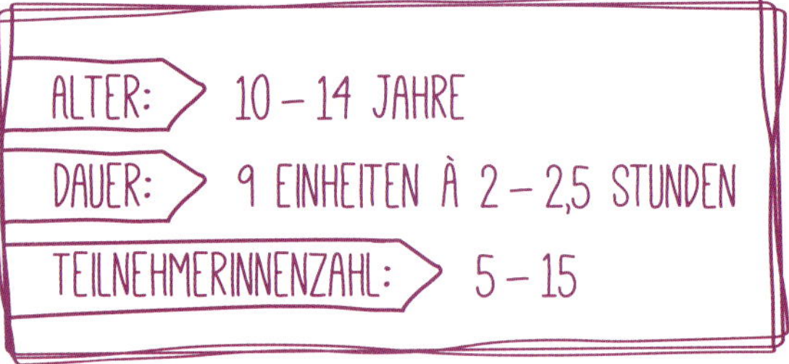

ZIELE:

- INTERESSE FÜR LEBENSBEDINGUNGEN VON KINDERN IN ANDEREN LÄNDERN WECKEN
- VORURTEILE GGF. ÜBERPRÜFEN UND ABBAUEN

MATERIAL:

Weltkarte, Bilder mit Motiven aus der ganzen Welt, Musik, Begriffe und / oder Gegenstände aus anderen Ländern, Plakat, dunkelroter Tonkarton, weißes Papier, Nadel, Faden Schere, Stifte, „Reisepasskopien“, Kleidung aus aller Welt, Quizkopien, Digitalkamera, PC, evtl. Smartphones

ÜBUNG 1: LÄNDER UND KONTINENTE

Es wird eine große Weltkarte aufgehängt. Auf dieser Karte suchen und zeigen die Mädchen, woher sie kommen und in welchen Ländern sie schon einmal waren. Eventuell mit Ihrer Unterstützung wird der jeweilige Kontinent dazu genannt.
Es werden aus Zeitschriften ausgeschnittene Bilder, Zettel mit Begriffen, Musik und / oder Gegenstände aus der ganzen Welt gezeigt (z. B.: Gesichter, Tiere, Pflanzen, Speisen, Alltagsgegenstände, Flaggen, Spiele, Landschaften, Kleidung, Musik, Sprachen). Die Mädchen sollen versuchen, sie Erdteilen zuzuordnen.
Auf ein großes Plakat dürfen die Mädchen nun Wörter oder Sätze in anderen Sprachen schreiben. Dabei kann den Mädchen bei ihrer Auswahl entweder freie Hand gelassen werden oder es wird ein bestimmter Ausdruck in möglichst vielen Sprachen aufgeschrieben (z. B. „Ich mag dich“, „Willkommen“, „Danke“).

ÜBUNG 2: REISEPASS

Jedes Mädchen bastelt sich einen „Reisepass“, der sie das gesamte Projekt über begleiten wird. In diesen Pass schreibt, klebt oder malt das Mädchen bei jeder Einheit etwas, was es in Erinnerung behalten möchte. Diese individuelle Gestaltung des Reisepasses wird das gesamte Projekt hindurch jeweils am Ende der Einheit gemeinsam durchgeführt.
Für den Pass benötigt jedes Mädchen ein Stück 24 x 18 cm großen dunkelroten Tonkarton. Der Tonkarton wird in der Mitte geknickt und dient als Einband für den Reisepass. Als Deckblatt der Einbandvorderseite kann der rechte Teil der Kopiervorlage auf S. 15 (= Reisepassdeckblatt) ausgeschnitten und aufgeklebt werden. Den linken Teil der Kopiervorlage können die Mädchen ebenfalls ausschneiden und ihre persönlichen Angaben eintragen. Das Blatt wird anschließend auf die linke Innenseite des gefalteten Reisepasses geklebt. Aus weißem Papier werden nun in etwas kleinerer Größe drei Innenseiten geschnitten und ebenfalls in der Mitte geknickt. Die Seiten werden in den Einband gelegt und am Knick des Reisepasses mit ein paar Nadelstichen und einem Faden zum „Buch“ genäht.

ÜBUNG 3: MODENSCHAU

Die Mädchen dürfen möglichst viele verschiedene Kleidungsstücke aus aller Welt anprobieren und sich, wenn sie möchten, damit fotografieren lassen. Eines der Bilder kann in den Reisepass geklebt werden.

TIPP: Wenn Sie die Modenschau vorher ankündigen, können die Mädchen, falls vorhanden, von zu Hause passende Kleidungsstücke mitbringen.

KOPIERVORLAGE: REISEPASS

Reisepass

AUSTRALIA
27 FEB 2012
IMMIGRATION
SYDNEY
AIRPORT

DEPARTURE
Aeropuerto
BARCELONA
23.10.2012
de España

Reisepass Nr./ passport No. / passeport N°

Name / Surname / Nom

Vornamen / Given names / Prénoms

Geburtstag und -ort / Date and place of birth/ Date et lieu de naissance

Staatsangehörigkeit / Nationality/Nationalité

Größe / Height / Taille

Augenfarbe / Colour of eyes / Couleur des yeux

Datum / Date / Date Behörde / Authority / Autorité

Unterschrift der Inhaberin / Signature of bearer / Signature de la titulaire

BVK PR47 • Regina Hillebrecht: Mit Mädchen arbeiten – Projekte und Übungen aus der Praxis

EINHEIT: EUROPA

MATERIAL:
Weltkarte, Bilder von Europa, Interviewbögen, Stifte, Umfragezettel

ÜBUNG 1: WELTKARTE

Die Mädchen schauen sich auf der Weltkarte an, wo sich Europa befindet und welche Länder dazugehören. Durch Fotos aus dem Internet oder aus Büchern machen sie sich einen Eindruck vom Aussehen der Mädchen in den verschiedenen Ländern, ihrer Umgebung und wie sie sich das Leben gleichaltriger Mädchen dort vorstellen können.
Mit diesem gemeinsamen Blick auf die Weltkarte, passenden Bildern und einführenden Informationen beginnt während der gesamten Dauer des Projektes jede neue Einheit.

ÜBUNG 2: UMFRAGE

Die Mädchen werden in Kleingruppen aus 3 – 5 Mädchen losgeschickt, um Antworten rund um Europa zu sammeln. Dabei können sie ihr eigenes Wissen einbringen und zusätzlich die Kenntnisse und Meinungen anderer Leute abfragen. Eine Kopiervorlage mit möglichen Fragen finden Sie auf Seite 17.

AUSWERTUNGSRUNDE

Alle setzen sich zusammen und besprechen, was bei den Befragungen herausgefunden wurde, z. B. bezüglich der verschiedenen Länder, Sprachen, Speisen, berühmten Persönlichkeiten, Sehenswürdigkeiten und Probleme.

ÜBUNG 3: REISEPASS

Jedes Mädchen gestaltet eine Seite seines Reisepasses mit etwas, das es mit Europa in Verbindung bringt und in Erinnerung behalten möchte.

KOPIERVORLAGE: UMFRAGE ZU „EUROPA"

Stellt fünf verschiedenen Kindern oder Erwachsenen auf der Straße die folgenden Interviewfragen rund um „Europa" und notiert die Antworten. Löst außerdem die Wissensfragen! Wenn ihr möchtet, könnt ihr euch zusätzlich noch weitere Fragen ausdenken und die Leute auch dazu interviewen.

INTERVIEWFRAGEN:

1. In welchen europäischen Ländern waren Sie schon?
2. Warum waren Sie dort?
3. Welches europäische Land gefällt Ihnen besonders gut und warum?
4. Was ist das Besondere an diesem Land?
5. Welche Sprachen können Sie sprechen?
6. Welche europäischen Länder halten Sie für arm?
7. Wie viele Länder, glauben Sie, gehören zu Europa?
8. In welchen europäischen Ländern haben Frauen Ihrer Meinung nach deutlich weniger Rechte als Männer?

WISSENSFRAGEN:

1. Nennt die Hauptstädte von: Deutschland, Island, Polen, Türkei, Portugal, Estland.
2. Nennt acht europäische Sprachen.
3. In welchen europäischen Ländern stehen folgende Sehenswürdigkeiten: Eiffelturm, Brandenburger Tor, Akropolis, Petersdom?
4. Nennt zwei Gebirge in Europa.
5. Nennt zwei Flüsse Europas.
6. In welchem Land lebte die Autorin von „Pippi Langstrumpf" und wie heißt sie?
7. Nennt fünf Spezialitäten, die man in europäischen Ländern isst.
8. Nennt eine berühmte Frau Europas.
9. In welchen europäischen Ländern seid ihr schon einmal gewesen? Welches Land hat euch am besten gefallen?
10. Nennt zwei europäische Länder, die zu Skandinavien gehören.
11. Zeichnet die Schweizer Flagge.
12. In der Nationalhymne welchen europäischen Landes kommt „God save the queen" vor?
13. Was bedeutet der spanische Satz „Te quiero." übersetzt?
14. Nennt alle europäischen Länder, die euch einfallen.

EINHEIT: ORIENT

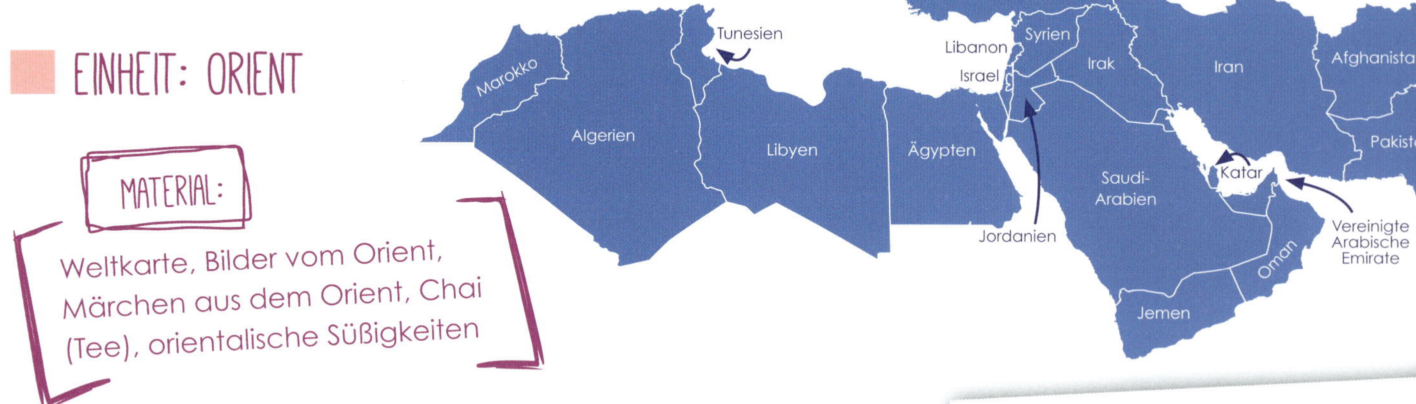

MATERIAL:

Weltkarte, Bilder vom Orient, Märchen aus dem Orient, Chai (Tee), orientalische Süßigkeiten

ÜBUNG 1: WELTKARTE

Mit dem Begriff „Orient" wird in dieser Einheit der Kulturraum der arabischen Länder und Nordafrika zusammengefasst. Anhand der Weltkarte wird mit den Mädchen besprochen, wodurch dieses Gebiet gekennzeichnet ist und welche Länder dazugehören. Gemeinsam werden Bilder vom Orient angeschaut.

ÜBUNG 2: DIE ROLLE DER FRAU IM ISLAM

Vielleicht gibt es in der Gruppe ein muslimisches Mädchen, das berichten möchte, wie es die Rolle der Frau in seiner Familie wahrnimmt und welche Unterschiede es im Vergleich zu deutschen Frauen besonders auffällig findet.
In diesem Zusammenhang lässt sich auch Bezug auf die Diskussion um das Kopftuchverbot an deutschen Schulen nehmen. Auf Seite 19 werden die wichtigsten Eckpunkte der Diskussion einander gegenübergestellt. Nachdem sich die Mädchen selbstständig mit den Inhalten des Kopftuchstreits beschäftigt haben, kann in der Gruppe selbst eine kleine Pro- und Kontra-Diskussion stattfinden.
Als Alternativ- oder Zusatzangebot gibt es in Ihrer Stadt vielleicht die Möglichkeit, ein Islamisches Zentrum zu besuchen und dort an einer Moscheeführung teilzunehmen.

ÜBUNG 3: TEE UND SÜßES

Mit den Mädchen wird ein orientalischer Chai zubereitet. Süßigkeiten aus dem arabischen Kulturraum werden auf Tellern angerichtet.

ÜBUNG 4: ORIENTALISCHES MÄRCHEN

Mit dem heißen Getränk und Süßem ausgestattet, machen es sich die Mädchen gemütlich, während Sie ihnen ein Märchen aus dem Orient vorlesen.

ÜBUNG 5: REISEPASS (SIEHE EUROPA)

KOPIERVORLAGE: EINHEIT „ORIENT"

Das Kopftuch hat in islamischen Ländern viele verschiedene Bedeutungen:

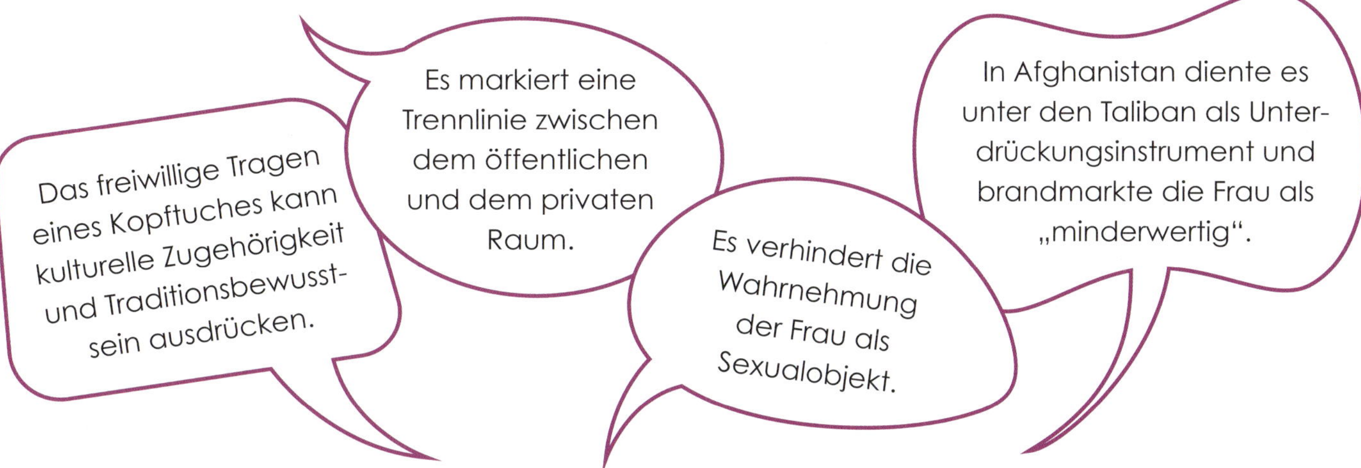

KOPFTUCHVERBOT FÜR MUSLIMISCHE LEHRERINNEN AN DEUTSCHEN SCHULEN?

PRO KOPFTUCH	KONTRA KOPFTUCH
Im Grundgesetz ist die Glaubensfreiheit verankert: Niemand darf wegen seines Glaubens benachteiligt werden.	Lehrer sind im Unterricht zu weltanschaulicher Neutralität verpflichtet.
Das Kopftuch ist Ausdruck der eigenen, religiösen Identität.	Es ist fraglich, ob es die freie Entscheidung der Frau ist, ein Kopftuch zu tragen oder sie von ihrer Familie dazu gezwungen wurde.
Wenn man das Kopftuch an der Schule verbietet, müssten auch christliche Symbole wie das Kreuz entfernt werden.	Das Kopftuch ist ein Symbol für die Unterdrückung der Frau. Eine Frau, die kein Kopftuch trägt, gilt im Islam als „nicht ehrbar".
Das Recht auf Selbstbestimmung über die eigene äußere Erscheinung wird bei einem Verbot verletzt.	Das Kopftuch erschwert und verhindert die Integration von Muslimen in die deutsche Gesellschaft.
Ein Kopftuchverbot würde bedeuten, dass Integration nur durch Anpassung funktionieren kann.	Eine kopftuchtragende Lehrerin macht es jungen Mädchen schwer, sich selbst gegen das Tragen eines Kopftuches auszusprechen.
Eine kopftuchtragende, emanzipierte Frau kann den Schülern als Vorbild dienen und Vorurteile abbauen.	Die kopftuchtragende Frau ist ein negatives Vorbild, da das Kopftuch für die Schüler als Symbol für die Unterordnung der Frau unter den Willen des Mannes steht.

EINHEIT: NORDAMERIKA

ÜBUNG 1: WELTKARTE (SIEHE EUROPA)

MATERIAL:

Weltkarte, Bilder aus Nordamerika,
Zettel mit Theaterspielaufgaben,
amerikanische Snacks

ÜBUNG 2: THEATER

Die Mädchen werden in Vierer- oder Fünfergruppen eingeteilt. Sie erhalten jeweils einen Zettel mit einer Ortsangabe und verschiedenen Begriffen (s. Kopiervorlage S. 21). Innerhalb von 20 – 30 Minuten sollen sie sich anhand dieses Materials ein kleines Theaterstück ausdenken und es anschließend den anderen Mädchen vorspielen.

ÜBUNG 3: AMERIKANISCHE SNACKS

Zur Stärkung gibt es amerikanische Snacks, wie z. B. Popcorn, Marshmallows und Cola.

ÜBUNG 4: REISEPASS (SIEHE EUROPA)

Kopiervorlage: Theaterspielaufgaben

Ort: New York (USA) – in einem Armenviertel in der Bronx

Freiheitsstatue	Manhatten	schwarz und weiß	Bandenkrieg
McDonald's®	Wolkenkratzer	Walt Disney®	Highschool
Präsident	schwanger mit 15 Jahren	Police	

Ort: Auf einer Ranch in Colorado (USA)

Rocky Mountains	Cowgirl	Schulbus	Führerschein mit 16 Jahren
Einkaufs-zentrum	kein Sex vor der Ehe	Abschlussball	Country Musik
Waffen besitzen	Indianer	Coca-Cola®	

Ort: Kanada am Eriesee

Bären	Niagarafälle	Elche	Regen
französisch und englisch	Wildnis	Freundschaft	Schwester
Kanadischer Dollar	Urlaub	das erste Date	

Ort: Alaska (USA)

Gletscher	Dollar	Inuit	Hundeschlitten-rennen
Familie	Marshmallow	Freiheit	Winter
USA	Kleidung	Handy	

EINHEIT: LATEINAMERIKA

Weltkarte, Bilder von Lateinamerika, Schatzkarte in fünf Teilen, Schatz (z. B. fair gehandelte Schokolade), Papier, Stifte, Stühle, Kokosnuss, Hammer, Messer, fair gehandelte Lebensmittel (Kakao, Bananen, Schokolade)

ÜBUNG 1: WELTKARTE (SIEHE EUROPA)

ÜBUNG 2: SCHATZSUCHE

Als Methode, um den Mädchen Lateinamerika nahezubringen, wird eine Schatzsuche nach dem großen Inkaschatz veranstaltet. Dabei müssen alle Teilnehmerinnen gemeinsam als verantwortliche Archäologinnen Aufgaben aus fünf Lebensräumen in Südamerika lösen. Für jeden gelösten Aufgabenteil erhalten sie ein Stück der Schatzkarte. Diese führt sie – indem sie am Ende zu einem Ganzen zusammengefügt wird – zum Schatz. Eine Vorlage der Schatzkarte finden Sie auf Seite 24.

DSCHUNGEL-AUFGABE

„Der Weg durch den Dschungel ist gefährlich, anstrengend und nur gemeinsam zu bewältigen. Zeigt bei den zwei folgenden Teamherausforderungen, dass ihr zusammenarbeiten könnt!"

TEAMHERAUSFORDERUNG: KNOTEN LÖSEN

Die Mädchen stellen sich Schulter an Schulter mit dem Gesicht nach innen in einen Kreis. Alle schließen die Augen und strecken die Hände nach vorne. Nun greift jede wahllos mit jeder Hand die Hand eines anderen Mädchens und hält sie fest. Die Augen werden geöffnet. Falls irgendwo noch Hände übrig geblieben sind, fassen diese sich nachträglich. Die Teilnehmerinnen haben die Aufgabe, den entstandenen „Knoten" zu lösen, ohne die gefassten Hände loszulassen. (Ein Umfassen oder Drehen der eigenen Hand in der Hand des anderen zum besseren Halt ist erlaubt.) Wenn alle gut zusammenarbeiten, entsteht / entstehen am Ende ein / zwei Kreis / e aus den Teilnehmerinnen.

TEAMHERAUSFORDERUNG: GEFÄHRLICHER STUHLKREIS

Sie fordern die Teilnehmerinnen dazu auf, einen Stuhlkreis zu bilden und sich dann auf die Stühle zu stellen. Die Teilnehmerinnen haben die Aufgabe, als Gruppe am Ende auf möglichst wenigen Stühlen zu stehen, ohne dass ein Mädchen dabei herunterfällt. Sie nehmen nun einen Stuhl aus dem Kreis, was dazu führt, dass die Mädchen enger zusammenrutschen müssen. Nach und nach werden somit so lange weitere Stühle entfernt, bis die Gruppe beim besten

Willen nicht mehr enger zusammenrücken kann oder eine Teilnehmerin herunterfällt. Die Gruppe darf es bei einem misslungenen Versuch noch einmal probieren.

STRAND-AUFGABE

Die Mädchen erhalten die Aufgabe, eine Kokosnuss mit Hilfe eines Hammers und eines Messers zu knacken und zu probieren. Achten Sie dabei unbedingt darauf, dass die Mädchen sich bei ihren Versuchen nicht verletzen!

ANDEN-AUFGABE

Geben Sie den Mädchen das Kreuzworträtsel auf Seite 25 zur Lösung in Kleingruppen.

Lösungen: 1. Indigenas, 2. Lama, 3. Panflöte, 4. Vulkan, 5. Poncho, 6. Meerschweinchen, 7. Coca

PLANTAGEN-AUFGABE

„Kocht einen echten Kakao!"
Sie erklären den Mädchen, was das besondere an fair gehandelten Lebensmitteln, wie Bananen, Kaffee, Kakao und Schokolade, ist und woran man sie erkennt. Anschließend kochen alle gemeinsam einen echten (fair gehandelten) Kakao und probieren andere Fair-Trade-Produkte.

STÄDTE-AUFGABE (AB 12 JAHRE)

Den Mädchen wird berichtet, dass viele Kinder in Lateinamerika zur Unterstützung ihrer Familien oder um selbst überleben zu können, arbeiten müssen. Dazu verteilen Sie den Infotext zum Thema „Kinderarbeit" (s. Kopiervorlage S. 25), den die Mädchen im Anschluss lesen und bearbeiten sollen. Nach der selbstständigen Bearbeitung sprechen Sie mit der Gruppe im Plenum über ihre Ergebnisse.

Nach erfolgreicher Erledigung der fünf Aufgabenbereiche setzen die Mädchen die Kartenstücke zusammen und erhalten einen Hinweis zum Ort des von Ihnen im Vorfeld versteckten Schatzes.

Kopiervorlage: Schatzkarte

KOPIERVORLAGE: ANDEN- UND STÄDTEAUFGABE

ANDEN-AUFGABE

1. Wie werden die Einwohner Südamerikas genannt, die noch sehr ursprünglich leben?
2. Wie heißt das Tier, das in den Anden Lasten trägt?
3. Für welches Instrument sind die Andenvölker bekannt?
4. Wie heißt die Art von Bergen, aus denen in unregelmäßigen Abständen Lava strömt?
5. Wie heißt ein traditionelles Kleidungsstück der Andenbewohner?
6. Welches Tier, das bei uns als Haustier gehalten wird, wird in den Anden gegessen?
7. Wie heißt die Pflanze, die die Menschen in Südamerika gegen die Höhenkrankheit kauen?

STÄDTE-AUFGABE: KINDERARBEIT IN HONDURAS

Honduras ist das zweitgrößte Land Zentralamerikas. Die Hauptstadt Tegucigalpa ist in „colonias" und „barrios" unterteilt. Das bedeutet, dass es sowohl Armen- als auch Reichenviertel gibt. Einen Großteil machen allerdings die Elendsviertel (barrios) aus, die sich am Stadtrand befinden. Das Land ist insgesamt von einer großen sozialen Ungleichheit geprägt, die sich vor allem in der schlechten medizinischen Versorgungslage, Analphabetismus, Arbeitslosigkeit und Hunger zeigt. Zwei Drittel der Bevölkerung leben unterhalb der Armutsgrenze und besonders Kinder haben unter den schlechten Lebensbedingungen zu leiden. Der Staat tut kaum etwas und hat nur wenige finanzielle Mittel, um Kindern ausreichend Bildungsmöglichkeiten zu bieten und sie somit vor Gewalt und Kriminalität zu schützen. Bereits nach der fünften Grundschulklasse brechen viele honduranische Kinder die Schule ab, um stattdessen selbst einen Beitrag zum Familieneinkommen zu leisten. Obwohl es Kindern unter 14 Jahren gesetzlich verboten ist, arbeiten viele Kinder als Schuhputzer, Straßenhändler und Autowäscher. Besonders in den ländlichen Gebieten von Honduras werden aus armen Familien vielfach junge Mädchen von „Arbeitsvermittlern" in die Städte geholt, mit dem Versprechen auf gute Arbeitsmöglichkeiten in privaten Haushalten oder Restaurants. Die Familien ahnen nicht, dass hinter solchen Angeboten oftmals Menschenhändler stecken, die die Kinder weiterverkaufen und zur Prostitution zwingen. Die Kriminalität in Honduras ist außergewöhnlich hoch: Das Land hat eine der höchsten Mordraten weltweit. Es gibt viele kriminelle Jugendbanden, die sogenannten „Maras", die vor allem in den Drogenhandel verwickelt sind.

INFOBOX HONDURAS:

LAGE: MITTELAMERIKA
GRÖẞE: 112.492 QKM
EINWOHNER: 6,67 MIO.
AMTSSPRACHE: SPANISCH
HAUPTSTADT: TEGUCIGALPA
WIRTSCHAFT: ANBAU VON BANANEN, KAFFEE, KAKAO

1. Welche Probleme in Honduras führen dazu, dass so viele minderjährige Kinder arbeiten müssen?
2. Hast du selbst schon einen kleinen Nebenjob und verdienst dir etwas Geld dazu? Welche Kriterien müssen deiner Meinung nach erfüllt sein, damit ein Jugendlicher unter 16 Jahren legal arbeiten kann und nicht ausgebeutet wird?

EINHEIT: ASIEN

MATERIAL:

Weltkarte, Bilder von Asien, Film, Zutaten für ein beliebiges asiatisches Gericht, Stäbchen, Schälchen, Origami-Papier

ÜBUNG 1: WELTKARTE (SIEHE EUROPA)

ÜBUNG 2: FILM

Sie können den Kindern einen Film zeigen, der von den Lebensumständen asiatischer Kinder handelt.

ÜBUNG 3: KOCHEN

Alle kochen gemeinsam ein asiatisches Gericht. Hinterher wird mit Stäbchen aus kleinen Schälchen gegessen.

ZUSATZANGEBOT:

In vielen Städten gibt es Wohngruppen für minderjährige, unbegleitete Flüchtlinge. Dort wohnen Jugendliche, die aus Krisengebieten ohne erwachsene Angehörige nach Deutschland kamen. Sie können bei den dort arbeitenden Mitarbeitern nach Mädchen fragen, die Freude daran hätten, Ihre Gruppe zu besuchen und mit Ihnen ein Originalgericht aus ihrem Heimatland zu kochen.

ÜBUNG 4: ORIGAMI

Mit Mädchen, die gerne kreativ sind, lassen sich schöne Dinge in der japanischen Origami-Papiertechnik falten. Eine Bastelanleitung finden Sie auf der Kopiervorlage (S. 27).

ÜBUNG 5: LAMAI AUS LAOS (AB 13 JAHRE)

Verteilen Sie an Ihre Gruppe den Text über das Mädchen Lamai, das Opfer von Zwangsprostitution wurde und diskutieren Sie anschließend gemeinsam über die Fragen zum Text.

ÜBUNG 6: REISEPASS (SIEHE EUROPA)

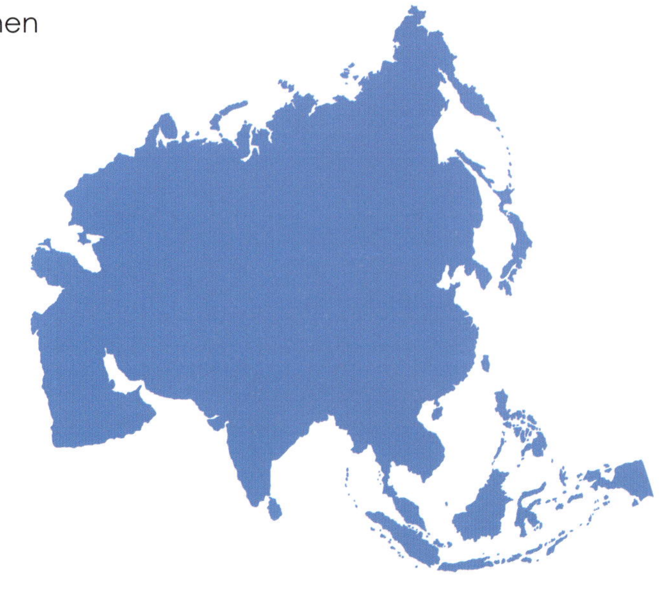

KOPIERVORLAGE: ORIGAMI-HERZ

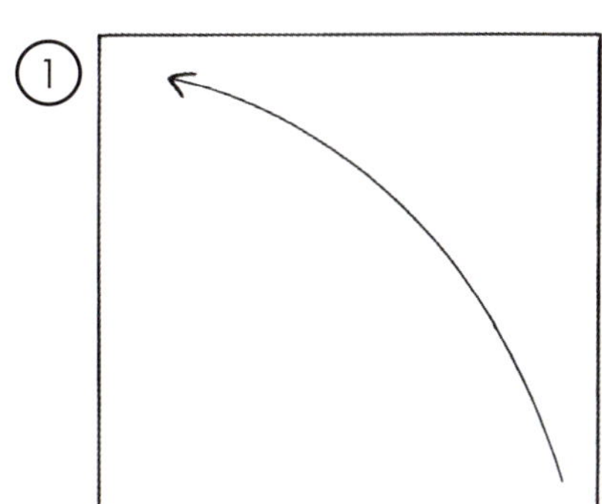

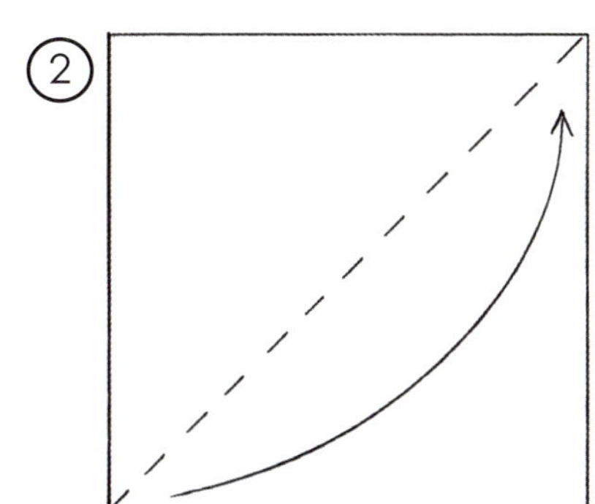

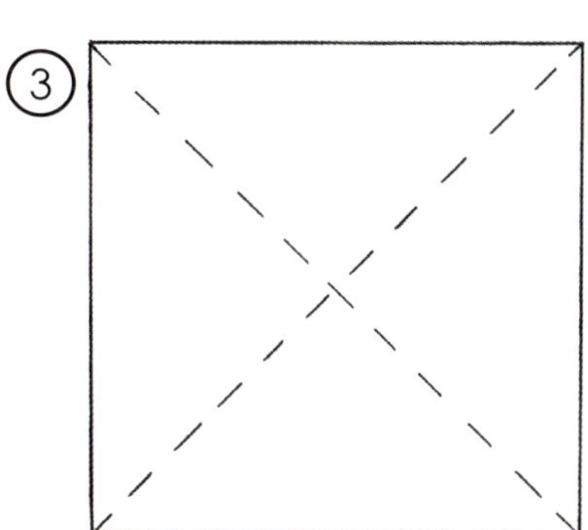

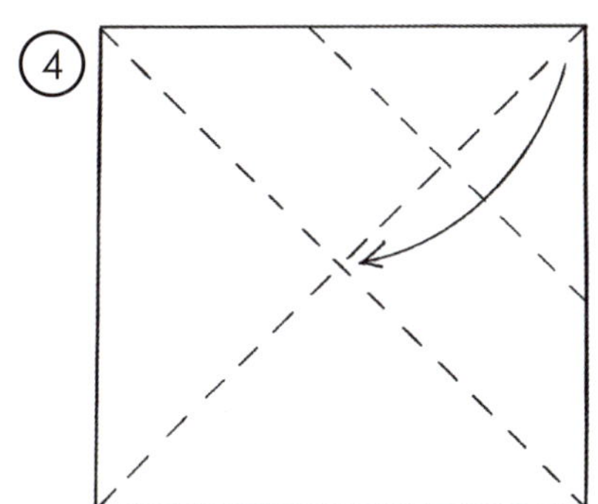

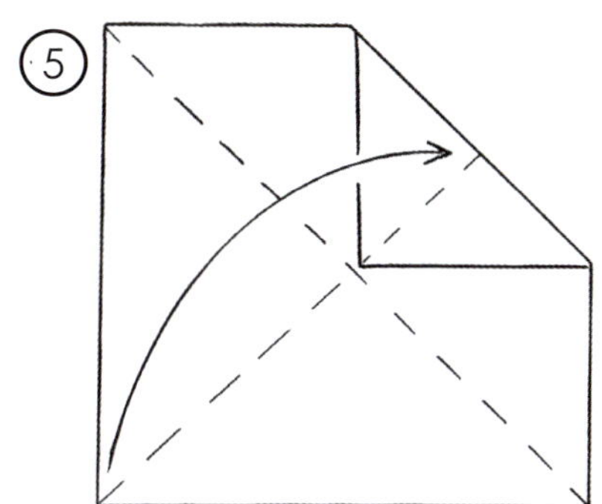

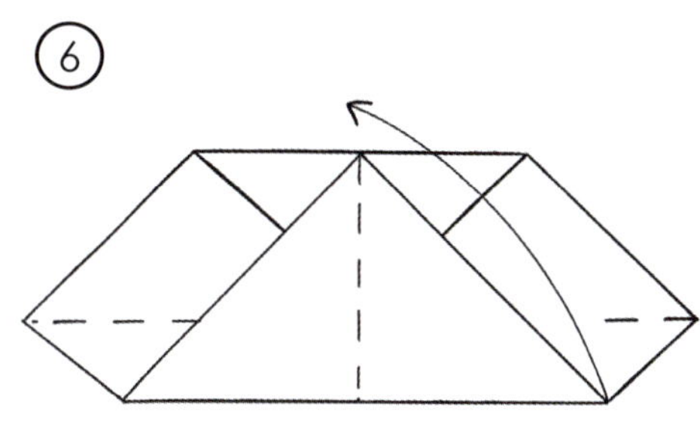

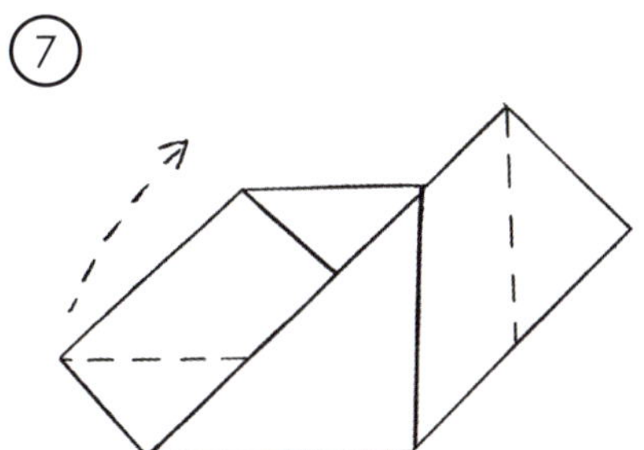

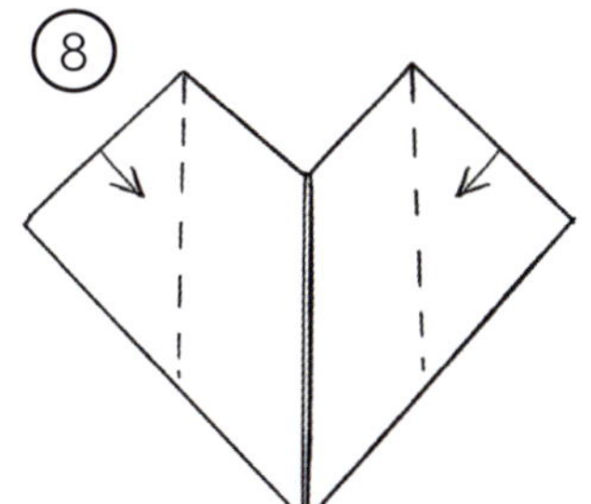

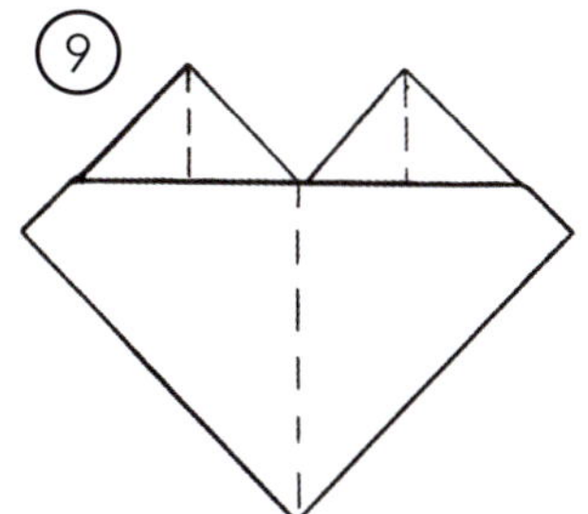

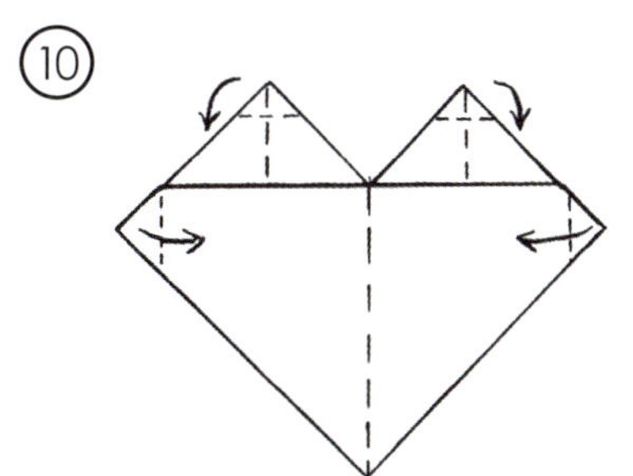

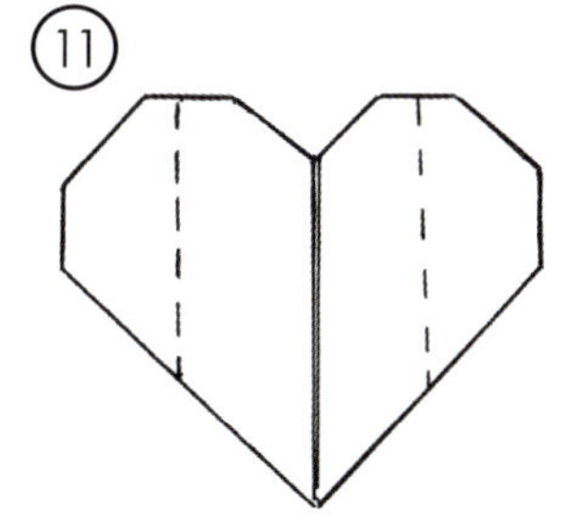

KOPIERVORLAGE: ASIEN ÜBUNG 5

LAMAI AUS LAOS

Insbesondere in China, aber auch in anderen Ländern Asiens, gibt es immer noch eine Bevorzugung männlicher Nachkommen in den Familien. Frauen sind in den Augen vieler Menschen weniger wert. Das bedeutet, dass junge Mädchen häufig etwas zum Familienunterhalt beisteuern müssen, während die Jungen für längere Zeit die Schule besuchen dürfen. Wie diese Verdienstmöglichkeiten aussehen, spielt dabei eine eher zweitrangige Rolle und führt häufig zur sexuellen Ausbeutung der Mädchen.

Lamai ist 13 Jahre alt und kann sich kaum noch an die schönen Tage ihres Lebens erinnern. Es kommt ihr so vor, als würden diese ewig lange zurückliegen. In der Hoffnung auf ein besseres Leben kam sie vor wenigen Monaten von Laos nach Thailand, doch schon am illegalen Grenzübergang wurde ihr bewusst, dass auf der anderen Seite keine rosige Zukunft auf sie wartet. Einer der Männer, der ihre bettelarme Familie vor einiger Zeit besucht und von einer sehr gut bezahlten Ausbildung in Thailand erzählt hatte, wartete an der Grenze auf sie, um ihr sofort ihren Pass abzunehmen. Mit vielen anderen Mädchen und Jungen wurde Lamai in einen kleinen Laster verfrachtet, um nach vielen Stunden der Dunkelheit und des Wartens schließlich vor einer heruntergekommenen Karaoke-Kneipe abgesetzt zu werden. Hinter der vermeintlichen Kneipe verbarg sich jedoch ein – mehr schlecht als recht getarntes – Bordell, ihr neuer Arbeitsort. Unter der Drohung, ihrer Familie etwas anzutun, wurde das junge Mädchen fortan zur Prostitution gezwungen. Lamai war noch Jungfrau, als sie ihren ersten Freier empfing. Alles in ihr sträubt sich gegen diese Tätigkeit, doch es hilft nichts, denn sie weiß keinen Ausweg. An einem Tag kommen oft bis zu zehn Freier zu ihr, die sie – egal wie sehr sie sich vor ihnen ekelt und was sie von ihr verlangen – zufriedenstellen muss.

Weltweit haben es sich Hilfsorganisationen zur Aufgabe gemacht, die schreckliche Situation, der in Thailand viele Tausend Mädchen und Jungen tagtäglich ausgesetzt sind, zu verbessern. Allerdings machen es die gesellschaftlichen und politischen Verhältnisse in Thailand sehr schwer, aktiv gegen den Menschenhandel vorzugehen, der sich dort zu einer eigenen Industrie mit Millionengewinnen entwickelt hat. Korruption, Schmiergeld und Bestechung sind hier allgegenwärtig, und oft sind auch die Polizei und das Justizwesen in die Machenschaften der Kinderhändler verstrickt.

1. Was hat Lamai in ihre schreckliche Situation gebracht?

2. Warum ist es so schwer für Lamai, ihrer Lage zu entfliehen, und warum kann der Kinderhandel in Thailand so schwer strafrechtlich verfolgt werden?

3. Recherchiere auf den Websites *www.kindernothilfe.de, www.plan-deutschland.de* und *www.frauenrechte.de* zum Thema Kinder- und Frauenhandel. Welche Projekte gibt es, die Frauen wie Lamai unterstützen?

EINHEIT: AUSTRALIEN

MATERIAL:

Weltkarte, Bilder von Australien, Internetzugang, Abtönfarbe, Zahnstocher oder Schaschlikspieße, Papier, farbiges Tonpapier oder Steine, Stifte

ÜBUNG 1: WELTKARTE (SIEHE EUROPA)

ÜBUNG 2: INTERNET-RECHERCHE

Die Mädchen gehen zu zweit oder zu dritt zusammen und versuchen im Internet möglichst viel über Australien in Erfahrung zu bringen. Anschließend kommen alle wieder zusammen und erzählen, was sie über den Kontinent herausgefunden haben und was sie besonders interessant fanden.

ÜBUNG 3: AUSTRALISCHE KUNST

In der australischen Kunst gibt es eine Technik, bei der Bilder aus vielen einzelnen Punkten entstehen. Aus verschiedenfarbigen Punkten werden Muster oder figürliche Darstellungen gebildet und auch der Hintergrund setzt sich aus zahlreichen kleinen Tupfen zusammen. Um den Mädchen einen Eindruck von der Technik zu vermitteln, ist es sinnvoll, ihnen einige Beispielbilder (z. B. aus dem Internet) zu zeigen. Die Mädchen erhalten dann ein Blatt zum selbstständigen Ausprobieren der Technik und zusätzlich ein Blatt Tonpapier für das eigentliche Bild. Zum Auftupfen der Abtönfarbe eignen sich Holzstäbchen.
Mit der gleichen Technik lassen sich wahlweise auch glatte Steine gestalten.

AKTIONSVARIANTEN:

1. Ein schöner Film über ein Mädchen in Neuseeland ist „Whale rider".
2. Aus Papier lassen sich relativ leicht kleine Bumerangs basteln. Eine Vorlage für die Herstellung kleiner Papierbumerangs finden Sie auf S. 30.

ÜBUNG 4: REISEPASS (SIEHE EUROPA)

KOPIERVORLAGE: BUMERANG

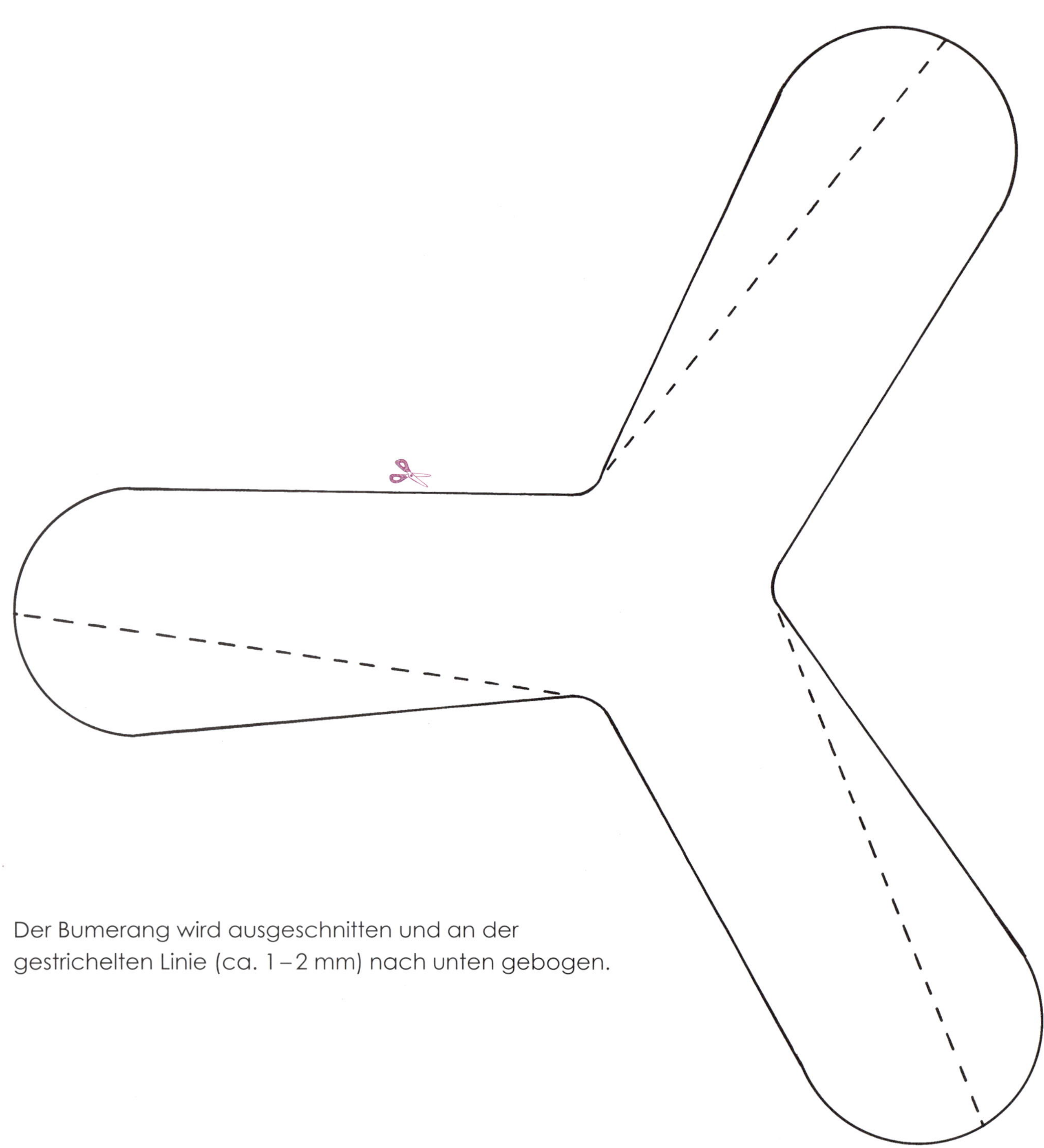

Der Bumerang wird ausgeschnitten und an der gestrichelten Linie (ca. 1 – 2 mm) nach unten gebogen.

EINHEIT: AFRIKA

MATERIAL:

Weltkarte, Bilder von Afrika, Checkliste „Spendenaktion“ (S. 32)

ÜBUNG 1: WELTKARTE (SIEHE EUROPA)

ÜBUNG 2: AUSFLUG IN DEN ZOO

Die Mädchen erhalten hier die Aufgabe, möglichst viele Tiere zu finden, die in Afrika heimisch sind.

ÜBUNG 3: EINE SPENDENAKTION ORGANISIEREN

Vielleicht haben die Mädchen Lust, Spenden für ein Projekt zu sammeln, das sich für Mädchen in afrikanischen Ländern einsetzt. Eine solche Aktion durchzuführen erfordert einige Vorbereitung. Auf der Seite 32 finden Sie einen exemplarischen Ablaufplan für die Durchführung einer Spendenaktion in Ihrer Einrichtung.

ÜBUNG 4: REISEPASS (SIEHE EUROPA)

KOPIERVORLAGE: EINE SPENDENAKTION ORGANISIEREN

CHECKLISTE: EINE SPENDENAKTION ORGANISIEREN

1. Ein passendes Projekt finden, für das ihr Spenden sammeln möchtet.
   Hilfsorganisationen, die für verschiedene Projekte Spenden sammeln, gibt es viele. Um einen Überblick zu erhalten und vor allem an eine seriöse Adresse zu gelangen, solltet ihr zunächst auf der Website vom DZI (Deutsches Zentrum für soziale Fragen) *www.dzi.de* nachschauen. In einer Datenbank kann man dort nach Organisationen zu einem bestimmten Thema / Land suchen und erhält viele nützliche Informationen zur Struktur und Ausrichtung der jeweiligen Hilfsorganisation.

2. Eine Spendenaktion planen, die zum ausgewählten Projekt passt.
   Je nachdem, wie viel Zeit und Mittel euch zur Verfügung stehen, könnt ihr eure Spendenaktion auf den Verkauf von selbst gebastelten Produkten oder selbst gebackenen Kuchen usw. beschränken und dafür einen passenden Rahmen suchen. Ein einzelner Stand in der Fußgängerzone wird an einem Montagvormittag sicher weniger Aufmerksamkeit erhalten, als eine Verkaufsaktion, die z. B. parallel zu einer Theater- oder Choraufführung an einer Schule stattfindet. Alternativ besteht natürlich auch die Möglichkeit, einen ganzen Tag / Abend zum Thema eures Spendenprojekts zu organisieren und dazu eure Eltern, Freunde, Verwandte und Nachbarn einzuladen. Vielleicht könnt ihr auch noch andere Gruppen oder Vereine gewinnen, sich an eurer Aktion zu beteiligen, sodass ihr gleich mehrere Angebote für eure Gäste machen könnt. Denkbar sind neben dem Verkauf von Speisen und selbst Gebasteltem auch Aufführungen und Workshops, die zum Thema / Land eures Projekts passen.

3. Macht eure Spendenaktion bekannt!
   Stehen alle Rahmeninformationen zum Ablauf eurer Spendenaktion fest, solltet ihr auch dafür sorgen, sie bekannt zu machen. Überlegt euch eine kurze Pressemitteilung, in der ihr das Projekt kurz vorstellt und neugierig auf eure Veranstaltung / eure Produkte macht. Eure Pressemitteilung sollte zudem Angaben zum Veranstaltungsort und eine genaue Uhrzeit enthalten. Den Text der Mitteilung könnt ihr nun auf Flyer drucken lassen, die ihr in der Umgebung eurer Einrichtung, in Schulen und in Geschäften verteilt. Vielleicht gelingt es euch ja auch, Kontakt zu einer Lokalzeitung herzustellen und eure Pressemitteilung in einer Zeitungsausgabe zu veröffentlichen. Insgesamt gilt: Je mehr Leute von eurer Aktion erfahren, desto mehr Spenden könnt ihr sammeln!

4. Ist die Aktion gut durchdacht und vorbereitet, werdet ihr sicher viele Spenden sammeln, die ihr im Anschluss direkt an die jeweilige Organisation überweisen könnt.

PROJEKTABSCHLUSS: EINE-WELT-FEST

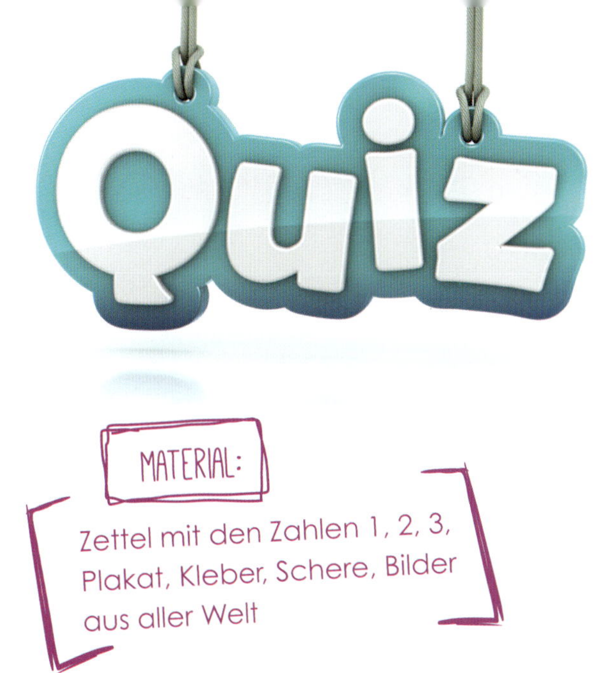

ÜBUNG 1: „EINE-WELT-QUIZ":

An der Wand werden drei Zettel mit den Zahlen 1, 2, 3 aufgehängt. Das Quiz funktioniert nach dem aus der Fernsehshow bekannten „1, 2 oder 3"-Prinzip. Sie lesen eine Frage vor und die Mädchen müssen sich zu dem Zettel mit der Zahl stellen, von dem sie glauben, dass es die richtige Antwort ist.

MATERIAL:

Zettel mit den Zahlen 1, 2, 3, Plakat, Kleber, Schere, Bilder aus aller Welt

1.	2.	3.

Auf welchem dieser Erdteile isst man Meerschweinchen?

Afrika	**Südamerika**	Australien

An welchem Körperteil kann man indische von afrikanischen Elefanten unterscheiden?

Rüssel	Hautfarbe	**Ohren**

In welchem Kulturraum bemalen sich viele Frauen zu Festen mit Henna?

Orient	Australien	Nordamerika

Zu welchem Erdteil gehört Neuseeland?

Australien	Europa	Nordamerika

Welche Kultur lebte früher in Südamerika?

Massai	Aborigines	**Inka**

Welches der folgenden Länder liegt in Europa?

Alaska	**Estland**	Ecuador

Welche Sprache ist keine Amtssprache in Südamerika?

Portugiesisch	**Chinesisch**	Spanisch

In welchem Kulturraum tragen besonders viele Frauen einen Schleier?

Nordamerika	Südamerika	**Orient**

Welche Tiere gibt es nicht in Afrika?

Wombats	Gnus	Hyänen

Aus welchem Kulturraum stammt das Essen mit Stäbchen?

Orient	**Asien**	Australien

Welches Land liegt nicht in Afrika?

Afghanistan	Nigeria	Namibia

In welchem dieser Erdteile können viele Mädchen nicht zur Schule gehen?

Nordamerika	**Afrika**	Europa

Welcher dieser Erdteile ist von der Fläche her am kleinsten?

Asien	Afrika	**Europa**

In welchem Erdteil ist Reis das Hauptnahrungsmittel?

Südamerika	Europa	**Asien**

In welchem der folgenden Erdteile brauchen Kinder in der Regel nicht zu arbeiten, um ihre Familie zu unterstützen?

Nordamerika	Afrika	Asien

Welches dieser Tiere gibt es nicht in Australien?

Emu	Känguru	**Antilope**

Welche dieser Früchte wächst nicht in tropischen Gebieten?

Litschi	**Birne**	Mango

Wie wächst die Ananas?

an Sträuchern	auf Bäumen	**auf der Erde**

In welchem Erdteil gibt es „Flying Doctors“?

Australien	Lateinamerika	Afrika

Gegen welche Krankheit hilft die Coca-Pflanze?

Blinddarmentzündung	**Höhenkrankheit**	Halsentzündung

Welches Klima herrscht in einem Dschungel?

kaltes Klima	trockenes Klima	**feuchtes Klima**

Was heißt „Ich liebe dich.“ auf Spanisch?

Te quiero.	Ti amo.	Je t'aime.

Zu welchem Land gehört Alaska?

Kanada	Mexiko	**USA**

Wie heißt das Musikinstrument der Aborigines?

Didgerida	Didgeridi	**Didgeridoo**

Wie heißt das Gebirge, das ganz Südamerika durchzieht?

Ural	**Anden**	Himalaya

Welches dieser Länder ist am weitesten von Deutschland entfernt?

Neuseeland	Mexiko	Russland

Warum haben viele afrikanische Kinder stark nach vorne gewölbte Bäuche?

weil sie zu viel essen	**weil sie zu wenig essen**	weil sie zu viel trinken

In welchem Erdteil leben die meisten Menschen?

Europa	**Asien**	Afrika

Wer ist dafür verantwortlich, dass es Menschen überall auf der Welt gut geht?

Politiker	**alle Menschen**	jeder nur für sich selber

Quiz

ÜBUNG 2: SPIELE AUS ALLER WELT:

Alle spielen gemeinsam verschiedene Spiele aus anderen Ländern.

COCOYOCPATOLLI (AZTEKEN)

In Mexiko wird auch heute noch ein altes Murmelspiel gespielt, das bereits die Azteken kannten. Zunächst gräbt man dafür eine kleine Mulde in den Boden und zieht einige Meter davon entfernt eine Wurflinie. Diese Wurflinie markiert die Entfernung, aus der die Spieler ihre Murmeln in das Loch werfen müssen. Derjenige, der als Erster trifft, darf alle Murmeln, die zuvor danebengegangen sind, behalten.

NASENSLALOM (FRANKREICH)

Auf einer kurvenreichen Rennstrecke, die auf einem Blatt Papier aufgezeichnet und am besten mit Kreppband am Tisch fixiert wird, soll ein Spielzeugauto (oder eine Streichholzschachtel) vom Start zum Ziel befördert werden. Das Spielzeugauto darf jedoch nur mit der Nase, ohne Zuhilfenahme der Hände, angeschoben werden. Die Ränder der aufgemalten Strecke dürfen nicht überfahren werden. Geschieht dies trotzdem, muss die Spielerin mit ihrem Auto erneut beim Start beginnen.

HALT DEN REIFEN AN (ZAIRE, AFRIKA)

Ein Reifen wird eine gekennzeichnete Strecke entlang gerollt. Abwechselnd versuchen die Mädchen aus einer Entfernung von etwa 10 Metern einen Speer (langer Stock) durch den Reifen zu werfen. Vielleicht gelingt es einem Mädchen sogar, den Reifen dadurch zum Stehen zu bringen.

WINDBALL (PHILIPPINEN)

Benötigt werden ein großer Tisch, ein Tischtennisball und zwei gleich große Mannschaften. Markiert mit einem farbigen Klebeband die Mittellinie des Tisches. Der Ball liegt auf der Mittellinie. Dann stellen sich die beiden Mannschaften je auf einer Hälfte des Tisches auf und versuchen, den Ball ins Feld des Gegners zu pusten. Wenn ein Team die Hände benutzen muss, um den „Ball" vor dem Herunterfallen zu bewahren oder er über die Tischkante rollt, bekommt die gegnerische Mannschaft einen Punkt. Nach fünf Minuten werden die Punkte gezählt.

ÜBUNG 3: EINE-WELT-COLLAGE

Aus den Bildern der verschiedenen Erdteile, die den Mädchen während des Projektes vor jeder Einheit gezeigt wurden, kleben diese gemeinsam eine bunte Collage.

VARIANTE:

Gut zum Abschluss des Projektes passen auch der Besuch eines Eine-Welt-Ladens oder eines Museums, das sich fremden Kulturen widmet.

2. GRUPPENSTUNDEN UND STRUKTURIERTE ANGEBOTE FÜR MÄDCHEN

Die im Folgenden beschriebenen Angebote können in ein bis maximal drei Stunden durchgeführt werden. Sie bieten Ideen und Vorschläge, um Gruppen- oder Unterrichtsstunden abwechslungsreich und interessant zu gestalten. Inhaltlich orientieren sie sich an den verschiedensten Interessen und Fähigkeiten sowie am Förderbedarf von Mädchen im Teenageralter.

MEIN LEBEN IN ZEHN JAHREN

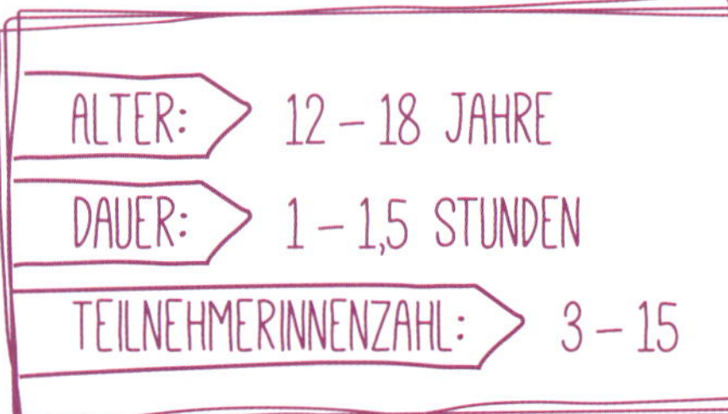

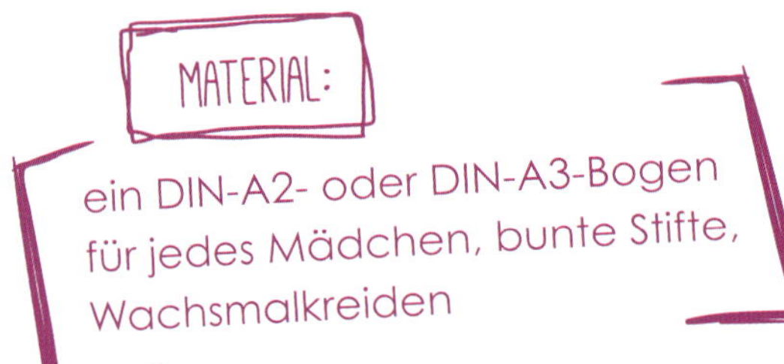

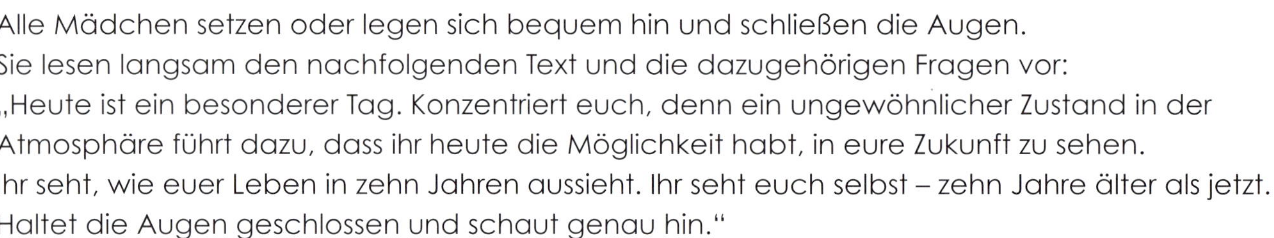

Alle Mädchen setzen oder legen sich bequem hin und schließen die Augen.
Sie lesen langsam den nachfolgenden Text und die dazugehörigen Fragen vor:
„Heute ist ein besonderer Tag. Konzentriert euch, denn ein ungewöhnlicher Zustand in der Atmosphäre führt dazu, dass ihr heute die Möglichkeit habt, in eure Zukunft zu sehen.
Ihr seht, wie euer Leben in zehn Jahren aussieht. Ihr seht euch selbst – zehn Jahre älter als jetzt.
Haltet die Augen geschlossen und schaut genau hin."

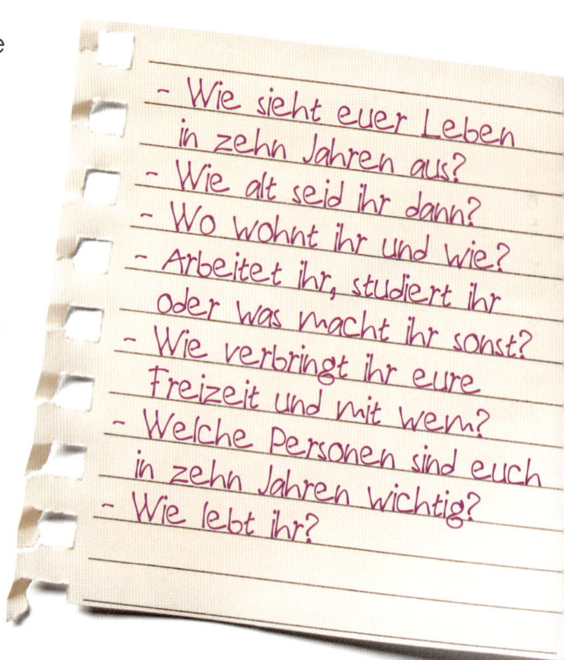

Geben Sie den Mädchen noch ein bisschen Zeit und lassen Sie sie die Augen dann wieder öffnen. Jedes Mädchen erhält ein Blatt und schreibt darauf „Mein Leben in zehn Jahren". Dann soll es malen, wie es sich seine Welt in zehn Jahren wünscht oder vorstellt. Wollen oder können sich die Mädchen nicht zeichnerisch ausdrücken, dürfen sie auch aufschreiben, was ihnen einfällt. Nehmen auch Sie sich einen Papierbogen. Das schafft Gemeinschaft und die Mädchen fühlen sich durch Sie nicht beobachtet. Sind alle fertig, stellt jede ihr Bild der Gruppe vor. Dabei ist es wichtig, dass keine Wertungen von Ihnen oder den anderen Teilnehmerinnen zu den Lebensentwürfen kommen. Jede hat ein Recht auf ihr eigenes Leben – wie auch immer es aussehen mag. Gerne können die Mädchen sich aber, nachdem alle an der Reihe waren, über die Zukunftsvorstellungen austauschen.

SINNES-PARCOURS

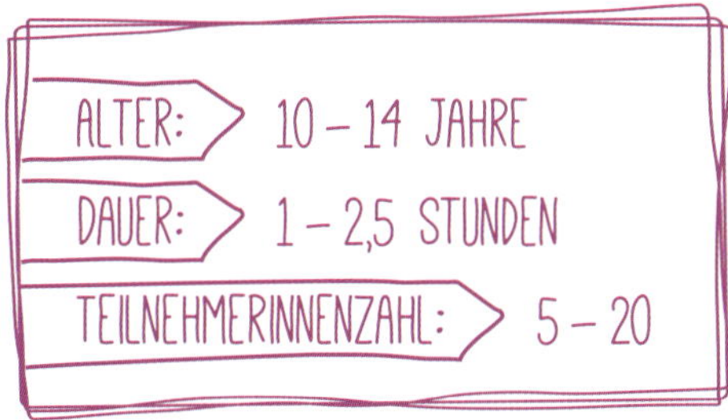

Beim Sinnes-Parcours werden die Augen, die im Alltag als wichtigstes Sinnesorgan dienen, für eine Weile „ausgeschaltet". Die Mädchen sollen ihre anderen Sinne stattdessen intensiv erfahren und dazu angeregt werden, auch nach dem Sinnes-Parcours dem Hören, Schmecken, Riechen und Fühlen mehr Raum in ihrem Leben zu geben.

Bevor die Teilnehmerinnen kommen, müssen Sie den Parcours bereits fertiggestellt haben. Die Mädchen sollen nämlich auf keinen Fall sehen, wie der Parcours aussieht. Lassen Sie sie auch hinterher nicht in den Raum schauen, denn sie sollen die Eindrücke bewahren, die sie bei geschlossenen Augen hatten. Dieser „Blinden-Parcours" wird von Ihnen so aufgebaut und gelegt, dass ihn jeweils ein Mädchen mit verbundenen Augen an Ihrer Hand gehen kann. Um alles gut spüren zu können, gehen die Mädchen barfuß. Eine Teilnehmerin nach der anderen wird durch den Parcours geführt, während die anderen warten, bis sie an der Reihe sind.

Sind Sie mehrere „Führerinnen", brauchen Sie mit dem jeweils nächsten Mädchen nicht zu warten, bis die Vorherige fertig ist.

Die Mädchen, die den Parcours schon durchlaufen haben, dürfen den anderen, die noch warten, nichts darüber erzählen. Wenn es räumlich möglich ist, sollten sie gar nicht mit ihnen zusammentreffen.

Wenn die Mädchen, die sie an der Hand durch den Parcours führen, Kommentare zu einzelnen Stationen machen, gehen Sie am besten wenig darauf ein. Es ist nicht wichtig, dass sie etwas richtig erkennen, sondern, dass sie überhaupt etwas wahrnehmen. Bitte verbessern Sie die Mädchen nicht. Wenn sie Sie fragen: „Was ist das?", antworten Sie einfach: „Das ist nicht wichtig." und fragen stattdessen: „Ist es angenehm oder unangenehm für dich?"

IDEEN FÜR DEN SINNES-PARCOURS:

- über verschiedene Materialien gehen lassen (z. B. Blätter, Erde, Teppich, feuchten Lappen, Handtuch, Rindenmulch, Watte, Styropor, zerknülltes Papier, Kissen, Matratze)
- auf bzw. über Gegenstände steigen lassen (z. B. Stuhl, Tisch, Bank, Trittleiter)
- Geräusche im Hintergrund abspielen (z. B. Meditationsmusik, Wellenrauschen, Tierlaute)
- Dinge zum Befühlen geben (z. B. Kuscheltiere, Steine, Kissen, Kastanien, Bälle, Flaschenverschlüsse)
- Schraubgläser mit Gerüchen (z. B. Kaffee, Parfum, Essig, verschiedene Gewürze, Spülmittel, Pfefferminz)
- Speisen oder Getränke zum Probieren (z. B. Obst, Gemüse, Schokolade, Brot, Ketchup, Joghurt, Saft, Tee)
- Ein Seil ist an der gegenüberliegenden Wand (z. B. an einer Heizung, einem Türgriff) befestigt und die Teilnehmerin bekommt das Seilende in die Hand. Nun muss sie allein bis zum Anfang des Seiles finden.
- durch einen Spiel-Tunnel kriechen
- von einem Stuhl auf eine Matte hinunterhüpfen
- in ein kleines Zelt setzen, in dem sich verschiedene Gegenstände befinden, die sich unterschiedlich anfühlen und Geräusche machen (z. B. Rassel, Nudelpackung, Wärmflasche, Packung Papiertaschentücher, Kleidung)
- eine Rutschbahn, auf der die „Blinde" in ein mit vielen Bällchen gefülltes Planschbecken rutscht

BEHINDERUNG

ALTER:	10 – 15 JAHRE
DAUER:	1,5 – 2 STUNDEN
TEILNEHMERINNENZAHL:	4 – 14

Das Ziel dieses Angebotes ist es, die Teilnehmerinnen für die Einschränkungen und Bedürfnisse behinderter Menschen zu sensibilisieren und eventuell vorhandene Unsicherheiten spielerisch zu mindern. Die Mädchen können an verschiedenen Stationen in die Rolle einer Behinderten schlüpfen. Es soll dabei ganz locker zugehen und es darf viel gelacht werden.

KÖRPERBEHINDERUNG

- Die Mädchen üben die Fortbewegung in einem Rollstuhl und legen mit ihm selbstständig einen Parcours zurück.
- Mit Hilfe von Krücken legen die Mädchen eine bestimmte Strecke zurück und testen möglichst auch das Treppensteigen.
- Jedem Mädchen wird ein Arm an ihren Körper gebunden. Sie sollen nun mit nur einem Arm Gemüse waschen, evtl. schälen und in kleine Stücke schneiden.

Augenbinden, Schnur, Banane, Joghurt, Gemüse, Schüssel, Teller, Löffel, Messer, Blindenschrift-Alphabet, Karten mit Worten in Blindenschrift, Rollstuhl, Krücken

SEHBEHINDERUNG

- Den Mädchen werden die Augen verbunden und sie sollen in einer Kleingruppe gemeinsam einen Joghurt mit frischen Bananen zubereiten und essen.
- Die Mädchen erhalten eine Karte mit einem Wort in Brailleschrift. Mit offenen Augen dürfen die Mädchen unter Zuhilfenahme des Blindenalphabetes diese Karte entschlüsseln.

HÖRBEHINDERUNG

- Die Mädchen erhalten die Aufgabe, sich in einer Reihe anhand ihrer Geburtstage im Kalenderjahr aufzustellen. Sie dürfen dabei nicht miteinander sprechen.
- Die Mädchen sollen sich als Gruppe, ohne zu sprechen, als verschiedene Zeichen aufstellen (z. B. Dreieck, Gesicht, Fragezeichen, Herz, Buchstaben).

SONSTIGE BEHINDERUNGEN

Überlegen Sie gemeinsam mit den Mädchen, welche Arten von Behinderungen ihnen noch bekannt sind. Unterhalten Sie sich mit den Mädchen über ihren Umgang mit Menschen mit Behinderungen. Wie ist es ihnen bei den Aufgaben ergangen?

TIPP: Sie können mit den Mädchen auch Ihren Ort oder Stadtteil auf Behindertenfreundlichkeit testen. Ziehen Sie mit einem Rollstuhl oder Rollator los und stellen Sie fest, wo Straßen, Durchgänge, Bahnhöfe, Geschäfte u. Ä. nicht auf Menschen mit Gehbehinderungen eingestellt sind. Gibt es in Ihrem Ort Markierungen oder Hilfen für Blinde?

SUCHT

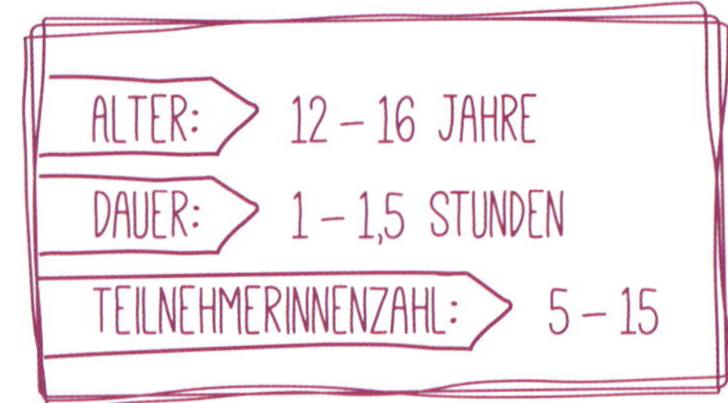

Das Thema „Sucht" an nur einem Termin eingehend zu besprechen, ist kaum möglich. Zudem verhindert Aufklärung allein eine Sucht nicht. Eine vielfältige Mädchenarbeit dient dagegen bereits als Präventionsmaßnahme. Die Mädchen werden dabei unterstützt, selbstbewusst ihren Weg zu gehen und haben Erlebnisse, die ohne schädlichen Konsum Spiel und Spannung bedeuten. Wollen Sie trotzdem – vielleicht aus aktuellem Anlass – das Thema aufgreifen und mit dem Mädchen ins Gespräch kommen, ist der „Suchtsack" eine mögliche Methode.

Symbolträger für verschiedene Süchte, z. B. leere Zigarettenschachtel, leere Bierflasche, leere Mixgetränkdose, leere Schnapsflasche, leere Tablettenschachtel, Kondom (Sexsucht), Barbiepuppe (Magersucht), große Tafel Schokolade (Esssucht), Werbekatalog (Kaufsucht), Klebstoff, Sammelbilder (Sammelleidenschaft bzw. Messie-Syndrom), Spielkarten (Spielsucht), Computerspiel (Internetsucht), Terminkalender (Arbeitssucht), Putzmittel (Putzsucht), Film-DVD (Fernsehsucht), Handy, Schnupftabak, Nasenspray, Hanteln (Anabolika / Extrem-Bodybuilding), eingerollter Geldschein (Kokain), Einwegspritze, Cannabis-Bild, Joggingschuh (Sportsucht), Abnehmmittel, Wasserpfeife, Nintendo, Dose mit Pfefferminzplätzchen (stellvertretend z. B. für Extacy), ein Sack, Plakate, Stifte

Die Mädchen greifen nacheinander in den Sack und holen jeweils einen Gegenstand heraus, der als Symbol für eine bestimmte Sucht steht. Halten alle einen in den Händen, gehen sie zu dritt oder zu viert zusammen und besprechen sich kurz darüber, was der Gegenstand mit Sucht zu tun haben könnte. Dann stellen sie ihn der Gesamtgruppe vor, diskutieren und stellen Nachfragen. Je nach Gruppengröße ziehen dann alle einen neuen Gegenstand.

Sprechen Sie mit den Mädchen im Anschluss an den Suchtsack darüber, dass Sucht viel mit Vermeidung und Beendigung eines unangenehmen Zustandes oder negativen Gefühls zu tun hat, die Ursache aber häufig auch in dem anfänglichen Wunsch nach einem Kick liegt.

Lassen Sie die Mädchen auf einem Plakat sammeln, welche positiven Bewältigungsmechanismen sie bei Trauer, Einsamkeit, Angst, Langeweile, Enttäuschung etc. kennen bzw. was sie tun, damit es ihnen besser geht.

Auf das zweite Plakat schreiben die Mädchen alles auf, was aufregend ist, ihnen einen „Kick" bereitet und im richtigen Maße trotzdem gesund ist.

GEWALT

MATERIAL:

Kreppband, Papier, Stifte

Gewalt ist ein sensibles Thema und bedarf einer vertrauensvollen Atmosphäre, sowohl in der Gruppe als auch zwischen Ihnen und den Mädchen. Gleichzeitig bietet gerade die Mädchenarbeit einen geeigneten Raum, um diese wichtige Thematik aufzugreifen und Mädchen, die unter Gewalt leiden oder gelitten haben, einen Weg aus ihrem Kummer aufzuzeigen. Sie wissen in der Regel vorher nicht, welche Erfahrungen die Teilnehmerinnen in sich tragen. Stellen Sie sich darauf ein, bei einer eventuell aufbrechenden inneren Verletzung auf die Betroffene einzugehen und sie bei den weiteren Schritten verantwortungsvoll zu begleiten.

GEWALTBAROMETER

Auf den Boden wird mit Kreppband ein langer Strich geklebt und so unterteilt und gekennzeichnet, dass eine Skala von 0 – 10 entsteht. 0 entspricht „keine Gewalt", 10 steht für „sehr starke Gewalt". Sie lesen nun ein Erlebnis nach dem anderen aus der nachfolgenden Liste vor und die Mädchen ordnen sich je nach eigener Überzeugung einem Punkt auf dem Gewaltbarometer zu. Entweder nach jeder Aufstellung oder in größeren Abständen gehen Sie mit ihnen in die Diskussion und nutzen die Gelegenheit für Erklärungen.

ANREGUNGEN FÜR DIE DISKUSSION ODER ERKLÄRUNGEN:

- Gewalt kann in verschiedenen Formen vorkommen (körperlich, sexuell, seelisch) und diese Arten können auch gleichzeitig bestehen.
- Jedes Mädchen hat ein Recht auf gewaltfreie Erziehung.
- Welche Gefühle können durch die Gewalterfahrung bei den Opfern entstehen?
- Wo spürt ein Mädchen die psychisch erlebte Gewalt? (Da viele Mädchen mit dem Begriff „Seele" wenig anfangen können, ist die Erklärung „Das tut im Herzen weh" leichter verständlich.)
- Kann die gleiche Situation von verschiedenen Personen unterschiedlich erlebt werden?
- Wer entscheidet, ob etwas Spaß ist oder Gewalt?
- Wer darf einen berühren und an welchen Stellen?

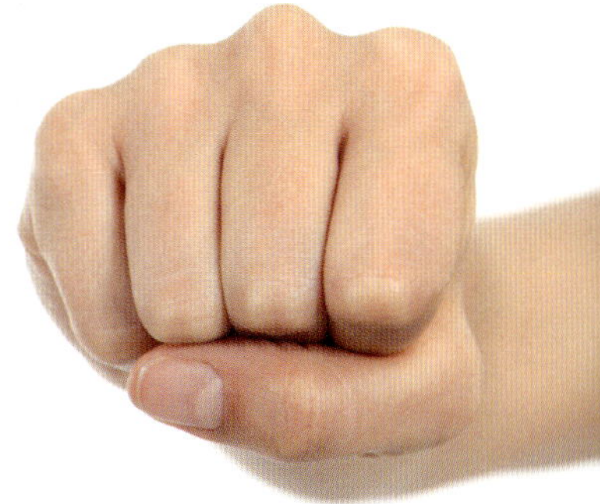

MÖGLICHE ERLEBNISSE:

- Einem Mädchen wird in den Hintern getreten.
- Einem Mädchen wird das Handy geklaut.
- Ein Mädchen bekommt von ihrer Mutter eine Ohrfeige.
- Ein Mädchen wird „Hure" genannt.
- Ein Mädchen sieht, wie ein Mann im Park sich selbst befriedigt.
- Einem Mädchen wird im Schwimmbad von einem Mann sein Penis gezeigt.
- Einem Mädchen wird von anderen die Hose heruntergezogen.
- Einem Mädchen wird von einem Lehrer der Arm um die Schulter gelegt.
- Einem Mädchen begegnet ein Mann, der unter seinem Mantel nackt ist.
- Ein Mädchen wird von ihrer Trainerin beim Duschen betrachtet.
- Ein Mädchen wird von einem Jungen am Busen berührt.
- Ein Mädchen wird von einer Frauenärztin an der Scheide berührt.
- Ein Mädchen prügelt sich auf dem Pausenhof mit einem anderen Mädchen.
- Ein Mädchen wird von ihrer Tante abgeküsst.
- Ein Mädchen hört von ihrer Schwester: „Du bist fett!"
- Ein Mädchen soll einem alten Nachbarn helfen, die Einkaufstüten in die Wohnung zu tragen.
- Ein Mädchen nimmt den Penis eines Mannes in den Mund.
- Ein Mädchen wird von einem anderen Mädchen an den Po gefasst.
- Ein Mädchen wird dazu überredet, eine Zigarette zu rauchen.
- Ein Mädchen soll zur Begrüßung einem Fremden die Hand geben.
- Ein Mädchen hört von ihrem Vater: „Du nervst! Ich wünschte, du wärst nie geboren worden!"
- Ein Mädchen findet private Fotos von sich in einem sozialen Netzwerk.
- Ein Mädchen wird von den anderen der Klasse ausgeschlossen.
- Ein Mädchen bemerkt, dass ein fremder Mann auf dem Heimweg hinter ihr hergeht.
- Ein Mädchen wird von einem älteren Jugendlichen, der ihr Gewalt androht, um Geld erpresst.
- Ein Mädchen wird von ihrem wütenden Vater gegen die Wand geschubst.
- Einem Mädchen wird verboten, außer zur Schule, die Wohnung zu verlassen.
- Ein Mädchen wird im Internet dazu aufgefordert, sich vor der PC-Kamera auszuziehen.
- Einem Mädchen wird auf einer Party heimlich Alkohol ins Glas gefüllt.

Gesprächsrunde

Alle setzen sich zusammen und Freiwillige dürfen von Gewalterfahrungen erzählen. Es können Erfahrungen sein, die sie selbst gemacht oder solche, die Freundinnen oder Bekannte ihnen erzählt haben. Die Mädchen dürfen außerdem Fragen zu eigenen Erlebnissen, die sie nicht einordnen können, stellen. Sie können sich von der Gruppe oder Ihnen Rat holen. Bieten Sie den Mädchen in der Gesprächsrunde an, dass sie auch nach der Gruppenstunde oder ein anderes Mal auf Sie zugehen können, wenn sie allein mit Ihnen sprechen möchten. Zeigen Sie ihnen, dass Sie sich dem Thema „Gewalt“ stellen.

Wenn die Mädchen Beschreibungen aus Fernsehfilmen, Zeitschriften und Ähnlichem als Beispiele anbringen wollen, unterbinden Sie dies. Fiktionale Erzählungen führen von realen Erlebnissen und eigenen Gefühlen weg.

Rollenspiele

Greifen Sie mit den Mädchen mögliche unangenehme oder gefährliche Situationen auf. Lassen Sie sie nachspielen, wie sie sich in solchen Zusammenhängen sinnvoll verhalten könnten.

Gibt es mehrere Lösungsmöglichkeiten? Sie könnten Situationen aufgreifen, die von den Mädchen berichtet wurden (falls die Erzählerinnen damit einverstanden sind) oder die Mädchen aus den Beispielen der Rollenspielaufgaben auswählen lassen (s. Kopiervorlage S. 44).

NEIN!

„Nein“ bedeutet „Nein“

Jedes Mädchen hat das Recht, „Nein“ zu sagen, wenn ihm jemand zu nahe kommt. Es darf ehrlich zeigen, wenn es etwas nicht möchte. Um das richtige „Nein-Sagen“ zu trainieren, bilden die Mädchen Paare und stellen sich in einer Reihe einander gegenüber auf. Während die Mädchen der einen Reihe stehenbleiben, bewegen sich die Mädchen auf der gegenüberliegenden Seite langsam auf ihre Partnerin zu. Erst wenn das andere Mädchen spürt, dass ihre persönliche, räumliche Grenze erreicht ist, ruft es laut und deutlich „Nein“ und schaut ihrer Partnerin dabei in die Augen. Es ist wichtig, dass diese Übung mit der nötigen Ernsthaftigkeit abläuft, denn nur, wenn es dem „Nein-sagendem“ Mädchen gelingt, seine Partnerin ohne zu lachen abzuwehren, wird diese auch stehenbleiben. Nach einem erfolgreichen Durchgang werden die Rollen getauscht.

Kopiervorlage: Rollenspielaufgaben „Gewalt"

Du bist in einem voll besetzten Bus. Es steigen zwei Jungen ein, die dich ständig anschauen. Als sie merken, dass du sie nicht beachtest, fangen sie an, dich zu bedrängen.

Ein Onkel kommt zu Besuch und will dich zur Begrüßung umarmen und dir einen Kuss geben. Du kannst das nicht leiden.

Du bist mit einer Freundin im Schwimmbad. Im Schwimmbecken hält sich ein Mann immer in eurer Nähe auf und reibt vorne an seiner Badehose.

Eine Freundin deiner Mutter ist zu Besuch. Sie meint: „In deinem Alter hatte ich aber schon mehr Busen. Hast du denn schon einen Freund?"

Beim Turnen gibt dir deine Sportlehrerin Hilfestellung. Dabei fasst sie immer wieder deinen Po an.

Du chattest im Internet und lernst dabei eine interessante Person kennen. Wie kannst du ein erstes Kennenlernen gestalten, ohne dass es gefährlich werden könnte?

Eine Freundin erzählt dir, dass ihr großer Bruder sie immer wieder schlägt und ihr befiehlt, was sie zu tun oder zu lassen hat.

Ein Jugendlicher aus einer höheren Klasse fängt dich auf dem Heimweg ab und verlangt Geld von dir. Er droht: „Wenn du mir nichts gibst oder wenn du jemandem etwas davon erzählst, schlage ich dich und deine kleine Schwester."

Eine Freundin erzählt dir: „Wenn meine Mutter auf der Arbeit ist, verlangt mein Stiefvater von mir, dass ich seinen Penis reibe. Er hat gesagt, wenn ich das weitererzählen würde, müsse er ins Gefängnis und meine Mutter wäre darüber sehr traurig."

Du gehst alleine nach Hause und merkst, dass ein fremder Mann hinter dir hergeht.

Du streitest mit deiner Mutter. Ihr schreit euch gegenseitig an. Sie gibt dir eine Ohrfeige und schubst dich aus dem Zimmer.

MÄDCHEN-MAGAZIN

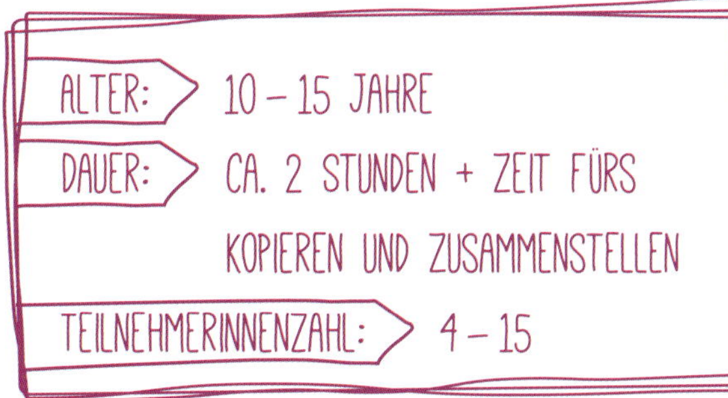

ZIELE:

- VERMITTLUNG VON TECHNISCHEN KENNTNISSEN (DIGITALKAMERA, PC-PROGRAMME)
- KENNENLERNEN VON RECHERCHETECHNIKEN IM INTERNET
- VERBESSERUNG DER EIGENEN AUSDRUCKSFÄHIGKEIT

Ein eigenes Magazin soll entstehen, das heißt, die Mädchen erstellen gemeinsam eine Zeitschrift aus Artikeln, Bildern, Informationen usw., die ihnen einfallen, sie interessieren, die sie lustig oder aufregend finden. Der Kreativität sind dabei natürlich keine Grenzen gesetzt.

Allein, zu zweit oder in Kleingruppen entwickeln die Teilnehmerinnen Ideen und stellen DIN-A4-Seiten zusammen. Die Mädchen können zeichnen, etwas ausschneiden, Infos aus dem Internet verwenden und selbst am PC Texte schreiben. Dabei können sie die Seiten auch selbst graphisch ausgestalten. Aufgrund der Gefahr des Durchdrückens sollten die Blätter nicht beidseitig gestaltet werden. Die fertigen Seiten werden eingesammelt und bis zum nächsten Treffen für alle kopiert oder eingescannt und ausgedruckt. Mit Hilfe eines Heftstreifens oder einer Klemmleiste werden die Seiten zum Magazin „gebunden“.

PC mit Internetzugang und Drucker, weißes Papier in DIN A4, schwarze Stifte, Jugendzeitschriften, Werbeprospekte und / oder Zeitungen, Schere, Kleber, Heftstreifen oder Klemmleisten

IDEEN FÜR DEN INHALT:

Titelseite mit gemeinsam ausgedachtem Namen, Witze, Rätsel, Gedichte, Collagen aus Bildern anderer Zeitschriften, Berichte über Stars, Texte, die aus anderen Zeitungen ausgeschnitten wurden, Umfragen, „Dr. Sommer“, Lokale Nachrichten, Interviews, Fotos, Tiere, Mode, In und Out, Horoskop, Tipps, Sport, Meinungen, Rezepte, Comics, Reportagen, Kurzgeschichten …

BEISPIEL AUS EINEM MÄDCHEN-MAGAZIN:

HANDYCLIPS

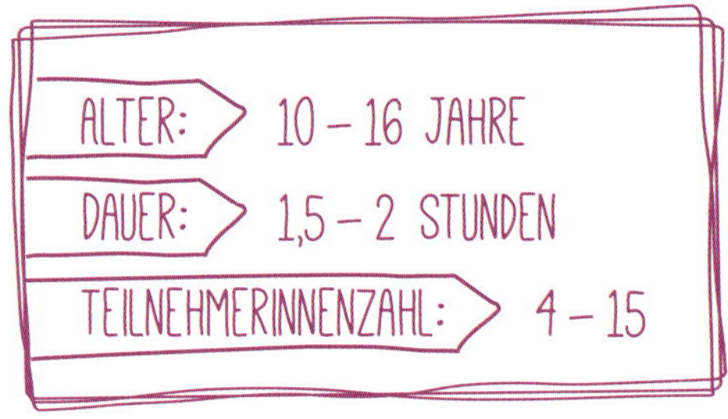

Handyclips zu drehen, bedeutet Filmemachen im kleinen Umfang. Die Mädchen gehen in Teams zusammen und überlegen sich eine kleine Geschichte. Sie muss mit dem aktuell vorhandenen Material und den gegebenen Örtlichkeiten zu verwirklichen sein. Jede Kleingruppe arbeitet in ihrem Tempo. Ein Team probiert vielleicht gleich alles aus, während ein anderes erst längere Zeit diskutiert, was gedreht wird. Sie stehen während der Dreharbeiten für Fragen und Anregungen zur Verfügung. Nach 1 – 1,5 Stunden treffen sich alle Teams wieder und zeigen sich gegenseitig die produzierten Handyclips.

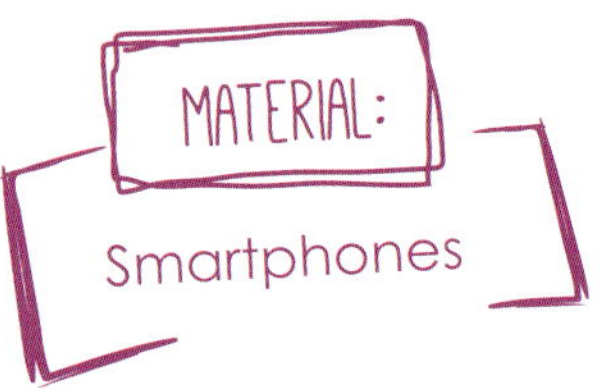

TIPP: Wenn Sie Mädchen betreuen, die anfällig dafür sind, sich in gefährliche oder verbotene Situationen zu begeben, kann das gemeinsame Drehen von Handyclips ein Anlass sein, mit ihnen über „gute" und „schlechte" Clips zu sprechen. Dabei kann das Filmen und Verbreiten von Gewalttaten, diskriminierendem Verhalten oder riskanten Aktionen (z. B. selbst- oder fremdgefährdende Mutproben und Selfies an gefährlichen Orten) aufgegriffen werden.

POESIE UND KALLIGRAPHIE

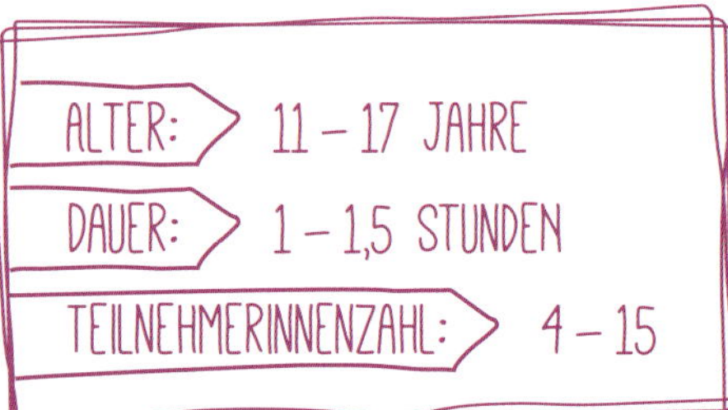

Die Mädchen setzen sich in Paaren oder zu dritt zusammen und suchen im Internet nach kurzen Gedichten, die sie ansprechen. Sie können den Mädchen ein Thema (z. B. Freundschaft, Familie, Natur …) vorgeben oder sie ohne Vorgaben suchen lassen. Jede Kleingruppe sucht pro Mitglied ein Gedicht aus und liest es, wenn alle Kleingruppen ihre Gedichte gefunden haben, der ganzen Gruppe vor. Anschließend wählt jedes Mädchen aus der vorgetragenen Poesie ihr „Lieblingsgedicht".

Dieses Gedicht sollen die Mädchen als nächstes besonders kunstvoll auf ein Blatt Papier schreiben – zur Erinnerung für sich selbst oder zum Aufhängen im Gruppenraum. Dazu erhalten sie, neben Papier und Stiften, auch Alphabete in verschiedenen Schriftarten als Vorlage bzw. zur Anregung. Noch eindrucksvoller werden die Ergebnisse, wenn mit farbiger Tinte und Feder (evtl. Breitbandfeder) gearbeitet wird. Alte Schriftarten können Sie sich beispielsweise auf der Website *www.kallipos.de/kalligraphie-alphabete.htm* anschauen.

STADTTEIL-RALLYE

MATERIAL:
Kreide, Fragen- und Aufgabenzettel, Umschläge, Stifte

VORBEREITUNG:

Bringen Sie einen Rundweg in Erfahrung, der bei Ihrer Einrichtung startet und endet und einer Gehzeit von ca. 45 Minuten entspricht. Wenn möglich, sollte der Weg an nicht zu vielen großen Straßen entlang führen, dafür an einem Geschäft oder einer Firma, einer Arztpraxis, einer Kirche, dem Rathaus oder Ähnlichem. Diesen Rundweg markieren Sie mit Kreidepfeilen und platzieren an mehreren geeigneten Stellen Umschläge mit vorbereiteten Aufgabenzetteln. Jede Stelle, an der Sie einen Umschlag mit Aufgabenblättern verstecken, kennzeichnen Sie mit einem Viereck auf den Boden als Zeichen für „Briefkasten". Verstecken Sie den Umschlag in einem Umkreis von bis zu drei Metern und schreiben Sie in das Viereck die entsprechende Entfernung (z. B. 2 m = Umschlag im Umkreis von 2 Metern). Der Umschlag sollte für zufällig vorbei gehende Passanten nicht zu sehen sein.

ALTER: 10 – 15 JAHRE
DAUER: CA. 2 – 2,5 STUNDEN
TEILNEHMERINNENZAHL: 6 – 15

MÖGLICHE FRAGEN UND AUFGABEN:

- als Reporterinnen andere Leute zu einem bestimmten Thema interviewen
- ein kleines Gedicht schreiben
- ein Werbegeschenk mitbringen
- sich einen Firmenstempel oder eine Visitenkarte geben lassen
- zwei Werbeplakate mit einem Mann und einer Frau auswählen und es mit drei Adjektiven beschreiben. Wie wirkt die Frau/der Mann auf euch?
- verschiedene Gegenstände oder Naturmaterialien mitbringen (z. B. ein Ei, ein Taschentuch, eine Kastanie, eine Blume, ein lebendiges Insekt)
- Fragen zum Allgemeinwissen und zu berühmten Frauen
- Fragen zu Sehenswürdigkeiten (im Rathaus, in einer Kirche, über einen Turm, ein Denkmal…)

DURCHFÜHRUNG:

Die Mädchen werden in Dreier- bis Fünferteams eingeteilt und über den Ablauf informiert. Die Teams starten (selbstverständlich ohne Ihre Begleitung) in einem Abstand von ca. 15 Minuten. Sie gehen den Rundweg ab und bearbeiten unterwegs die Fragen und Aufgaben. Es geht nicht darum, möglichst schnell wieder zurück zu sein, sondern die Aufgaben gut zu erfüllen. Die Zettel müssen im Anschluss bei Ihnen abgeben werden und werden ausgewertet, sobald alle Teams zurück sind. Das Team mit den meisten Punkten gewinnt.

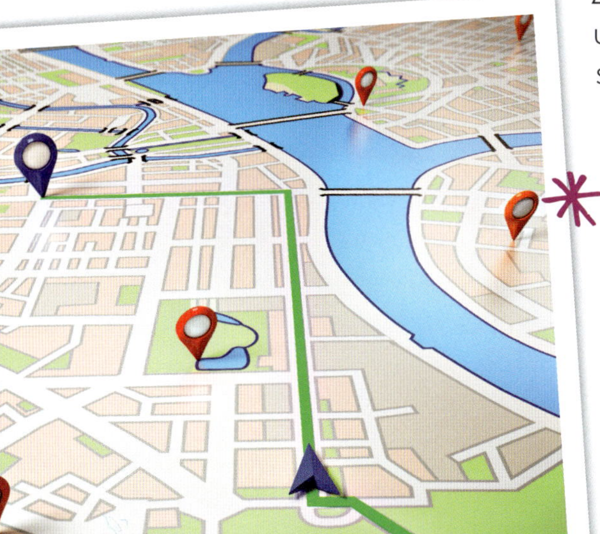

TIPP:
- Teilen Sie den Mädchen mit, dass es zur Disqualifikation führt, wenn sie die Umschläge anderer Teams verschwinden lassen oder das Versteck verändern.
- Vergeben Sie Teampunkte für besonders gute Zusammenarbeit.

3. MÄDCHEN-TAGE

Als Gruppe oder mit Freundinnen einen ganzen Tag gemeinsam zu verbringen, genießen Mädchen sehr. Mädchen-Tage bieten zudem die Möglichkeit, sich für die Angebote wirklich Zeit zu nehmen, dazwischen gemeinsam zu kochen und zu essen, Gespräche zu führen und Beziehungen zu intensivieren. Die Räume, die sie normalerweise nur für wenige Stunden zur Verfügung haben, „gehören" den Mädchen nun einen ganzen Tag lang. Während strenge Eltern mit Übernachtungen außer Haus zum Teil Probleme haben, wird den Mädchen ein Tagesangebot in der Regeln nicht verwehrt. Mädchen-Tage können mit einer bunten Mischung ganz unterschiedlicher Angebote gefüllt werden oder sich einem speziellen Thema / Zweck widmen.

PROJEKT: KINDERRECHTE-TAG

Ziel dieses Projekts ist es, die Teilnehmerinnen für ihre eigenen Rechte zu sensibilisieren und ein Bewusstsein dafür zu wecken, was die Kinderrechte für Mädchen anderer Länder bedeuten.

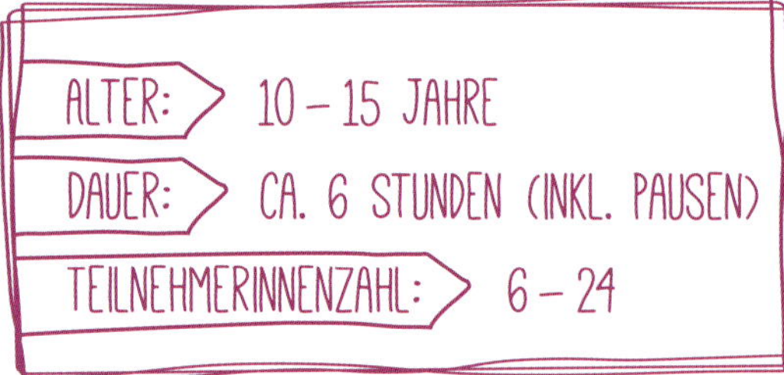

MATERIAL:

10 Karten mit den jeweiligen Kinderrechten (s. S. 50 / 51), Straßenmalkreiden, alte Zeitschriften, Scheren, Klebstoff, große Plakate, große Papierbögen (z. B. von einer Papierrolle), Stifte, Bild von der Bürgerrechtlerin Rosa Parks, Tonkarton in verschiedenen Farben, Weltkarte oder Globus, Wäscheklammern, Schnur, Zeitungspapier, Kreppband, Verpflegung, Getränke, Kopien vom Finger-Alphabet für Gehörlose

WAS SIND RECHTE?

Der Tag beginnt damit, dass Sie den Mädchen erklären, was es bedeutet, Rechte zu haben, und was es speziell mit dem Begriff „Kinderrechte" auf sich hat:
Die Kinderrechte wurden 1989 von den Vereinten Nationen (= Zusammenschluss von 193 Ländern der Erde) als eine Art Grundgesetzbuch für Kinder und Jugendliche beschlossen. Nahezu alle Länder der Erde haben sie inzwischen unterschrieben (Ausnahmen: USA, Südsudan und Somalia).

ABLAUF DES TAGES

Die Kinderrechte-Karten werden gemischt. Ein Mädchen zieht eine Karte, liest das darauf stehende Kinderrecht plus Erklärung vor und hängt sie für alle gut sichtbar an einer im Raum gespannten Schnur auf. Die entsprechende Aktion dazu (siehe Beschreibungen ab S. 52) wird mit den Teilnehmerinnen durchgeführt.
Nach der Aktion werden nach und nach die anderen Karten gezogen und bearbeitet. Sie entscheiden, wann es Sinn macht, eine kürzere Unterbrechung oder eine längere Mittagspause zu machen.
Merken Sie im Laufe des Tages, dass die eingeplante Zeit nicht ausreichen wird, werden Sie nicht nervös. Dann werden eben nicht alle Kinderrechte behandelt. Lassen Sie die übrig gebliebenen Karten vorlesen und zu den anderen hängen. Vielleicht wollen die Mädchen sie noch in einer späteren Gruppenstunde behandeln.

TIPP: Bei einer Teilnehmerinnenzahl von nicht mehr als zehn können die Mädchen in einer Gruppe zusammenbleiben und die einzelnen Aktionen durchlaufen. Sind es mehr, sollten Kleingruppen gebildet werden, die jeweils bei unterschiedlichen Rechten anfangen. Sie müssen dementsprechend mehr Mitarbeiterinnen sein, um mehrere Stationen parallel anbieten zu können.

Kopiervorlage: Kinderrechte (1)

Das Recht auf Gleichheit

Alle Kinder und Jugendliche haben die gleichen Rechte. Jedes Kind ist gleich wichtig. Niemand darf wegen seines Geschlechts, seiner Hautfarbe, seiner Herkunft, seiner Sprache oder seiner Religion benachteiligt werden. Arme und reiche Kinder haben die gleichen Rechte.

Das Recht auf Gesundheit

Kinder und Jugendliche haben das Recht, möglichst gesund zu leben. Sie haben das Recht auf eine gute Gesundheitsvorsorge und auf medizinische Hilfe bei Krankheit. Die Grundbedürfnisse (Sicherheit, Essen, Trinken, Kleidung und ein Platz zum Wohnen) sollen erfüllt werden. Kinder und Jugendliche sollen nicht süchtig werden.

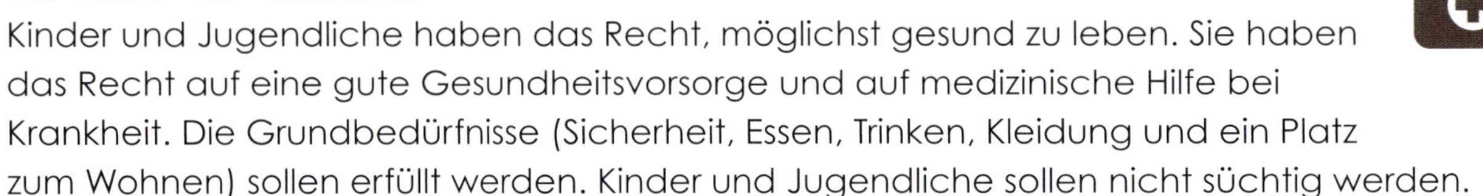

Das Recht auf eine freie Meinungsäußerung, Information und Gehör

Kinder und Jugendliche haben das Recht, ihre Gedanken, Wünsche und Bedürfnisse zu äußern. Die Meinung des Kindes und des Jugendlichen müssen zu Hause, in der Schule, bei Ämtern und vor Gericht beachtet werden. Jedes Kind und jeder Jugendliche darf sich selbst eine Religion aussuchen und über seinen Glauben entscheiden. Es darf keine Bestrafung für Meinungsäußerungen geben, solange die Informationen so geäußert werden, dass sie keinem anderen schaden. Kinder dürfen sich versammeln und gemeinsam mit anderen friedlich für ihre Meinung eintreten.

Das Recht auf Bildung

Alle Kinder und Jugendliche haben das Recht, eine Schule zu besuchen und zu lernen. Sie haben das Recht, eine Ausbildung zu machen, die ihrem Können und ihren Wünschen entspricht. Durch die Bildung sollen sich ihre Persönlichkeit, ihre Begabungen, ihre geistigen und körperlichen Fähigkeiten entwickeln können.

Das Recht auf Schutz vor Ausbeutung und Gewalt

Jede Gewalt gegen Kinder und Jugendliche ist verboten. Kinder und Jugendliche dürfen nicht misshandelt oder zu etwas gezwungen werden, wovor sie sich sehr fürchten oder ekeln – weder durch Erwachsene noch durch Gleichaltrige. Kein Kind darf ausgebeutet werden. Kinderarbeit ist verboten, wenn sie der Gesundheit schadet. Kein Minderjähriger darf gekauft, verkauft oder ins Ausland verschleppt werden.

KOPIERVORLAGE: KINDERRECHTE (2)

DAS RECHT AUF ELTERLICHE FÜRSORGE

Jedes Kind und jeder Jugendliche hat das Recht, bei seinen Eltern zu sein. Wenn diese getrennt voneinander leben, dürfen sie Kontakt zu beiden Eltern haben. Das gilt, solange es ihnen gut tut. Wenn ein Kind oder Jugendlicher von Vater oder Mutter getrennt aufwachsen muss, wird genau geprüft, wo es am besten untergebracht ist. Eltern bekommen bei der Erziehung ihrer Kinder Hilfe.

DAS RECHT AUF PRIVATSPHÄRE

Kinder und Jugendliche haben das Recht auf Privatsphäre und darauf, dass ihre Würde, ihre persönliche Ehre und ihr Ruf geachtet werden. Manche Dinge gehen nur das Kind und den Jugendlichen selbst etwas an (zum Beispiel die Intimsphäre, ein Tagebuch oder der Briefverkehr). Kinder und Jugendliche dürfen nicht beleidigt oder Opfer von Lügen oder falschen Behauptungen werden. Das Recht auf Privatsphäre und persönliche Ehre muss jeder respektieren, sowohl Erwachsene wie auch Kinder und Jugendliche untereinander.

DAS RECHT AUF SCHUTZ IM KRIEG UND AUF DER FLUCHT

Kinder und Jugendliche im Krieg und auf der Flucht werden geschützt, egal, ob sie allein oder mit ihren Eltern flüchten. Fliehen Kinder oder Jugendliche vor dem Krieg, dürfen sie nicht zurückgeschickt werden.

DAS RECHT AUF SPIEL, FREIZEIT UND RUHE

Jedes Kind und jeder Jugendliche hat ein Recht auf Freizeit, Ruhe, Spiel und Erholung. Kinder und Jugendliche dürfen sich kulturell und künstlerisch betätigen.

DAS RECHT AUF BETREUUNG BEI BEHINDERUNG

Jeder geistig oder körperlich behinderte junge Mensch hat das Recht auf ein möglichst erfülltes Leben. Seine Selbstständigkeit soll gefördert werden und besondere Erleichterungen und Betreuung zur Unterstützung geschaffen werden.

Aktion zu „Das Recht auf Gleichheit"

Lesen Sie gemeinsam den folgenden Text über Rosa Parks (s. Kopiervorlage auf S. 54). Zeigen Sie den Mädchen zur Veranschaulichung ein ausgedrucktes Bild von ihr.

Diskutieren Sie anschließend die folgenden Punkte in der Gruppe: Wo ist euch in eurem Umfeld Diskriminierung passiert oder aufgefallen? Welche Menschen werden in eurer Klasse, in eurem Bekanntenkreis, in der Verwandtschaft … nicht gleichwertig behandelt? Warum? Was könntet ihr beim nächsten Mal in einer solchen Situation tun?

Aktion zu „Das Recht auf Gesundheit"

Der Text zum Thema „Weibliche Genitalverstümmelung" (ab 13 Jahre, s. Kopiervorlage S. 55) wird an alle verteilt. Nachdem die Mädchen ihn gelesen und die Aufgaben beantwortet haben, diskutieren Sie mit den Mädchen die Ergebnisse.
Der Film „Wüstenblume", der auf dem autobiographischen Roman von dem somalischen Model Waris Dirie beruht, widmet sich dem Thema weiblicher Genitalverstümmelung und könnte als Ergänzung mit den Mädchen angesehen werden.

Aktion zu „Das Recht auf eine freie Meinungsäußerung, Information und Gehör"

Die Mädchen schreiben mit Straßenmalkreiden ihre Rechte und was ihnen gerade wichtig ist auf den Gehsteig.

Aktion zu „Das Recht auf Bildung"

Die Mädchen bilden zunächst Teams und erhalten dann eine Kopie der Interviewfragen (s. S. 56) zum Kinderrecht „Bildung". Damit sie die Antworten ihrer Partnerin nicht vergessen, sollten Sie die Mädchen auffordern, sich einige Notizen zu machen. Nach der ersten Runde wird getauscht.
Nachdem jedes Mädchen sowohl die Rolle der Reporterin als auch die der Befragten eingenommen hat, diskutiert die Gruppe im Plenum über die verschiedenen Antworten.

Aktion zu „Das Recht auf Schutz vor Ausbeutung und Gewalt"

Die Mädchen lesen gemeinsam mit Ihnen die Geschichte über Kinderarbeit in Indien (S. 57). Anschließend lernen sie, Papiertüten aus Zeitungspapier zu falten, wie das Mädchen in der Geschichte. (Eine Vorlage zum Falten von Papiertüten finden Sie ebenfalls auf S. 57.)
Nachdem sie das Falten geübt haben, bekommen sie die Aufgabe, innerhalb von 10 Minuten möglichst viele Tüten zu falten und zu kleben. Unterhalten Sie sich anschließend darüber, wie es für die Mädchen war. Wie viel würden sie wohl bei ihrem Arbeitstempo verdienen? Wie wäre es, arbeiten zu müssen, statt in die Schule zu gehen? Welche Arten von Kinderarbeit kennen sie noch? Wie wird die Gesundheit der Kinder durch zu viel, zu schwere oder zu gefährliche Arbeit geschädigt?

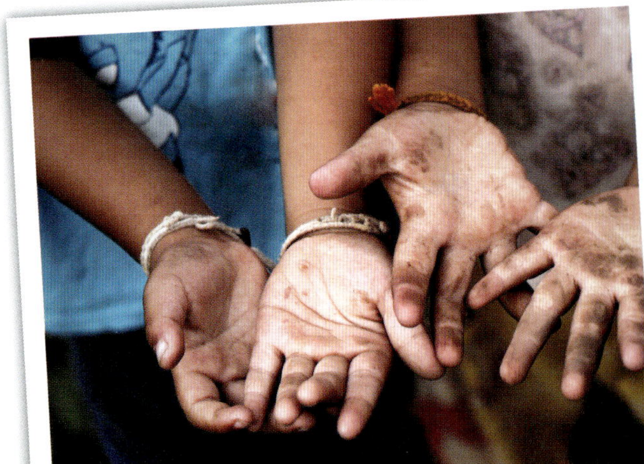

Aktion zu „Das Recht auf elterliche Fürsorge"

Sie spielen Flaschendrehen und die Mädchen erzählen sich dabei gegenseitig von ihrer jeweiligen Familiensituation. Mit wem leben sie zusammen? Wenn die Eltern getrennt sind, wie läuft der Kontakt zum Elternteil ab, bei dem sie nicht leben? Wie lebt es sich in einer Patchwork-Familie? Haben sich die Eltern schon einmal Unterstützung bei der Erziehung geholt?

Aktion zu „Das Recht auf Privatsphäre"

Lassen Sie die Mädchen Schilder für ihre Zimmertür zu Hause basteln.
Sie können die eine Seite zum Beispiel mit „Bitte nicht stören!", die andere Seite mit „Bitte anklopfen und eintreten!" beschriften.

Aktion zu „Das Recht auf Schutz im Krieg und auf der Flucht"

Fragen Sie die Mädchen nach Ländern, in denen zurzeit Krieg herrscht und nennen Sie ihnen weitere, auf die sie nicht selbst kommen. Lassen Sie sie auf der Weltkarte oder dem Globus die Länder suchen.
Kennen die Teilnehmerinnen Mädchen, die aus ihrem Heimatland fliehen mussten? Gibt es in der Umgebung eine Flüchtlingsunterkunft? Gibt es eine Möglichkeit, Mädchen aus dieser Unterkunft zu den Gruppentreffen einzuladen oder eine gemeinsame Aktion mit ihnen durchzuführen?

Aktion zu „Das Recht auf Spiel, Freizeit und Ruhe

Alle Mädchen schreiben oder malen auf Zettel, was sie in ihrer Freizeit gern machen oder gern einmal ausprobieren würden. Die Zettel werden mit Wäscheklammern an eine Leine gehängt, die quer durch das Zimmer oder den Garten gespannt ist.
Gibt es Nennungen, die sich in einer Gruppenstunde verwirklichen lassen?

Aktion zu „Das Recht auf Betreuung bei Behinderung"

Es folgt ein kurzer gemeinsamer Austausch darüber, ob die Teilnehmerinnen behinderte Menschen kennen und wenn ja, welche Art der Behinderungen sie haben. Finden die Mädchen den Umgang mit Behinderten selbstverständlich oder eher schwierig?
Nach dem Austausch erhalten die Mädchen Kopien des deutschen Fingeralphabets für Gehörlose und üben es eine Weile ein (im Internet unter „Fingeralphabet" zu finden). Dann gehen sie zu Paaren zusammen und versuchen, sich schweigend gegenseitig Wörter oder ganze Sätze zu übermitteln.

KOPIERVORLAGE: DAS RECHT AUF GLEICHHEIT

ROSA PARKS TRITT MUTIG FÜR GLEICHHEIT EIN

Obwohl die Sklaverei in den USA bereits 1865 abgeschafft wurde, änderte sich die Situation der schwarzen Amerikaner in den südlichen Staaten zunächst kaum. Als sehr schlecht bezahlte Farmarbeiter hatten sie weniger Rechte und auch das Wahlrecht unterschied sich von dem der weißen Bevölkerung.
Das Gesetz legte zwar den Grundsatz „Separate but equal", „getrennt aber gleichwertig" fest, doch kontrolliert wurde diese Regelung nicht. Das zeigte sich zum Beispiel an den Schulen, die von schwarzen Kindern besucht wurden: Sie erhielten kaum Geld vom Staat und waren dadurch schlechter ausgestattet.

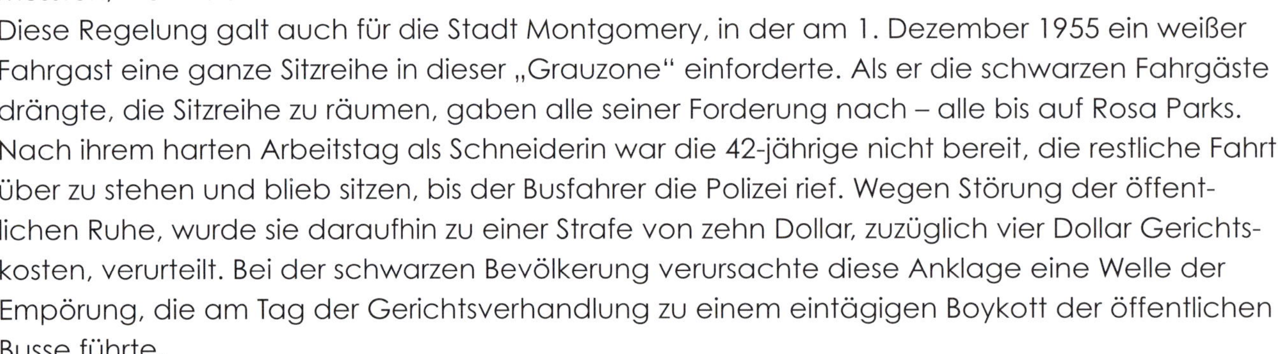

In der Öffentlichkeit wurde die Ungleichbehandlung zum Beispiel an Verboten, die die Nutzung von Aufzügen und Parkbänken von Schwarzen untersagte, sichtbar. Neben getrennten Toiletten, wurde auch in öffentlichen Verkehrsmitteln streng auf eine Trennung der schwarzen und weißen Fahrgäste geachtet. Während es in Zügen extra Waggons für schwarze Reisende gab, durften sich Schwarze in Bussen nur auf bestimmte Plätze, die sich meist hinten befanden, setzen. Die vorderen Sitzreihen waren ausschließlich für Weiße reserviert.
In der Mitte des Busses befanden sich außerdem Sitzreihen, auf die sich die schwarzen Fahrgästen zwar setzen durften, aber sofort räumen mussten, wenn sich ein Weißer auf einen dieser Plätze setzen wollte.
Diese Regelung galt auch für die Stadt Montgomery, in der am 1. Dezember 1955 ein weißer Fahrgast eine ganze Sitzreihe in dieser „Grauzone" einforderte. Als er die schwarzen Fahrgäste drängte, die Sitzreihe zu räumen, gaben alle seiner Forderung nach – alle bis auf Rosa Parks. Nach ihrem harten Arbeitstag als Schneiderin war die 42-jährige nicht bereit, die restliche Fahrt über zu stehen und blieb sitzen, bis der Busfahrer die Polizei rief. Wegen Störung der öffentlichen Ruhe, wurde sie daraufhin zu einer Strafe von zehn Dollar, zuzüglich vier Dollar Gerichtskosten, verurteilt. Bei der schwarzen Bevölkerung verursachte diese Anklage eine Welle der Empörung, die am Tag der Gerichtsverhandlung zu einem eintägigen Boykott der öffentlichen Busse führte.
Der Boykott war ein großer Erfolg: Fast jeder der 42 000 schwarzen Bürger der Stadt verzichtete an diesem Tag auf eine Fahrt mit dem Bus.

Aus diesem Erfolg entstanden schnell weitere Forderungen und 50 Aktivisten der Schwarzen Bewegung setzten sich für einen respektvolleren Umgang, der Einstellung von schwarzen Busfahrern sowie gleiche Rechte für alle Passagiere ein. Zum zweiten Mal folgte ein Busboykott, der ganze 381 Tage lang dauerte. Erst ein Jahr nach dem mutigen Einsatz von Rosa Parks erklärte der oberste Gerichtshof die Rassentrennung in Bussen für verfassungswidrig.
Nach diesem entscheidenden Sieg gegen Rassentrennung und Diskriminierung, fanden bald darauf viele andere friedliche Widerstandsaktionen im ganzen Land statt. Rosa Parks ermutigte viele andere Menschen, sich in der Bürgerrechtsbewegung zu engagieren. Sie wurde 92 Jahre alt.

KOPIERVORLAGE: DAS RECHT AUF GESUNDHEIT

WEIBLICHE GENITALVERSTÜMMELUNG

AUFGABE:

Die Praxis der weiblichen Genitalverstümmelung ist bereits seit 163 v. Chr. bekannt und ist bis heute ein täglich an tausenden Mädchen und Frauen praktizierter Brauch.
Vor allem in 28 afrikanischen Ländern, in den Vereinigten Arabischen Emiraten, im Oman, im Jemen sowie in einigen asiatischen Ländern ist diese Praxis nach wie vor weit verbreitet. Unter weiblicher Beschneidung oder Genitalverstümmelung versteht man die Entfernung der Klitoris sowie der äußeren und inneren Schamlippen der Mädchen.
Die Gründe für diese schmerzhafte Prozedur sind vielfältig und können religiöse, ästhetische oder kulturelle Aspekte, wie die Initiation des Mädchens im heiratsfähigen Alter als erwachsene Frau, betreffen. Die Beschneidungen finden oft unter katastrophalen hygienischen Bedingungen und ohne Betäubung statt. Sie haben häufig Infektionen, starke Blutungen, Probleme beim Wasserlassen, Unfruchtbarkeit oder Komplikationen bei der Geburt eines Kindes und den Verlust jeglicher sexueller Lust zur Folge.

Die Beschneidung der Mädchen oder jungen Frauen erfolgt meist im Alter von vier bis zehn Jahren, kann aber auch bereits unmittelbar nach der Geburt oder kurz vor der Verheiratung durchgeführt werden. In den meisten Ländern, in denen die weibliche Beschneidung vorgenommen wird, haben die Familien des Mädchens das alleinige Recht, über die Verheiratung ihrer Tochter zu entscheiden. Die Mädchen werden häufig schon im Alter von 12–15 Jahren verheiratet. Ein großer Anreiz für diese frühe Eheschließung ist der hohe Brautpreis, den die Brauteltern von der Familie des Bräutigams erhalten, wenn das Mädchen beschnitten und noch Jungfrau ist.
Viele humanitäre Organisationen, darunter Amnesty International, Terre des Femmes und World Vision, unterstützen Projekte zur Abschaffung der Genitalverstümmelung.

1. Lest den Text und unterstreicht im Text Wörter, die ihr nicht verstanden habt.

2. Warum werden Mädchen dieser qualvollen Prozedur unterzogen? Schreibt drei verschiedene Gründe auf.

3. Wie würdet ihr die Rolle der Frau in Ländern beschreiben, in denen die Beschneidung üblich ist? Welche Grundrechte werden den Frauen genommen?

KOPIERVORLAGE: DAS RECHT AUF BILDUNG

INTERVIEW ZUM THEMA „BILDUNG"

1. Wie wichtig ist es dir, in der Schule etwas zu lernen?
2. Was möchtest du nach der Schule machen?
3. Was musst du tun, um dieses Ziel zu erreichen?
4. Was würde dir fehlen bzw. was könntest du nicht tun, wenn du nicht lesen könntest?
5. Wie wäre es für dich, wenn du nicht schreiben könntest, was könntest du alles nicht machen?
6. Kennst du Menschen, die nicht lesen und schreiben können?
7. Welche Gründe könnten dafür sprechen, dass es besonders für Mädchen und Frauen wichtig ist, lesen und schreiben zu lernen?
8. Weißt du, wie die Bildungssituation in anderen Ländern der Welt aussieht? Nenne Beispiele.
9. Was ist nötig, damit ein Kind gut lernen kann?

KOPIERVORLAGE: DAS RECHT AUF SCHUTZ VOR AUSBEUTUNG UND GEWALT

USHA AUS INDIEN

Usha ist zwölf Jahre alt. Sie lebt in Kalkutta, einer Großstadt in Indien. Eine Schule hat sie nie besucht. Sie lebt im Haus ihres Arbeitgebers. Ihre Mutter wohnt zehn Kilometer entfernt, alle zwei Wochen kann Usha sie besuchen. Ushas Arbeitstag beginnt um sieben Uhr morgens und endet erst bei Dunkelheit. Während dieser Zeit hat sie eine halbe Stunde Mittagspause.
Ihre Arbeit besteht darin, Papier zu falten, den selbst hergestellten Kleber aufzutragen und schließlich Papiertüten in verschiedenen Größen anzufertigen. Das Altpapier, das sie dafür benötigt, muss sie selbst bei einem Händler abholen.
Sie verdient im Monat 320 Rupien, das sind etwa 4 Euro, und sie bekommt das Essen gestellt. Am Tag stellt Usha etwa 500 Tüten her. Ushas Arbeitgeber bekommt für die Tüten, die Usha im Monat herstellt, umgerechnet ca. 200 Euro. Wenn Usha krank ist, bekommt sie auch kein Geld.

So werden die Tüten geklebt:

1. Falte den Papierbogen (DIN A4) auf beiden Seiten zur Mitte.
2. Einer der Seitenränder wird mit Klebstoff eingestrichen und am anderen Seitenrand festgeklebt.

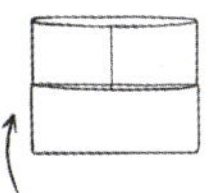

3. Nun drückst du das Papier platt und achtest dabei darauf, dass die zusammengeklebten Seitenränder etwa in der Mitte liegen. Das untere Ende muss nun etwa 5 cm nach oben geknickt werden, drücke die Kante fest und klappe sie anschließend wieder auf.

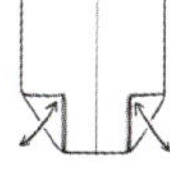

4. Die linke und rechte Ecke soll nun bis zur abgeknickten Stelle eingeschlagen und festgedrückt werden.
5. Klappe die Ecken anschließend wieder auf.

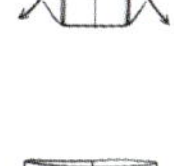

6. Nun musst du noch die Ecken nach innen einschlagen, also zwischen beide Lagen Papier.

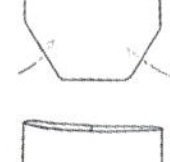

7. Klappe die obere Lasche nach oben, sodass du eine Bodenfläche aus zwei Teilen erhältst.

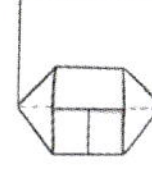

8. Knicke die obere Hälfte der Bodenfläche einmal ganz um zur Kante der anderen Seite und wieder zurück.

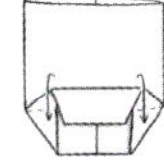

9. Schlage die gleiche Lasche bis etwas über die Mittellinie. Knicke die Kanten sorgfältig um.

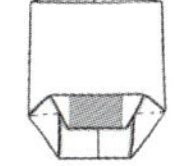

10. Bestreiche die markierte Fläche mit Klebstoff.

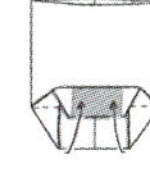

11. Knicke die untere Lasche nach oben und drücke sie fest auf die Klebefläche. Falze wieder sorgfältig die Kanten. Fertig!

FRAUEN AUF DER SPUR

Bei dem Ausflug geht es darum, nach Spuren zu suchen, die Frauen in der näheren Umgebung hinterließen oder die zu deren Erinnerung geschaffen wurden. Die Mädchen sind mit Ihnen zusammen unterwegs und besuchen, bzw. suchen:

- von Frauen Geschaffenes (Kunstwerke, Häuser, Anpflanzungen …)
- Abbilder berühmter oder unbekannter Frauen (Denkmäler, Statuen, Bilder …)
- Straßen und Plätze, die nach berühmten Frauen benannt sind
- Orte, an denen Frauen Leid ertragen mussten bzw. ihnen Unrecht widerfahren ist
- Gebäude, in denen bekannte Frauen lebten
- Frauen, die etwas zu präsentieren oder zu erzählen haben (Künstlerinnen, die Ältesten des Ortes, Politikerinnen, Frauen mit – für Mädchen ungewöhnlichen – Berufen …)

An den jeweiligen Orten beschäftigen sich die Mädchen mit den Lebensgeschichten, Legenden, Überlieferungen zu den Frauen oder denken sich, wenn wenige oder keine Informationen vorhanden sind, vielleicht auch selbst etwas aus. Anhaltspunkte finden Sie in der Kopiervorlage auf S. 59. Je nach Alter der Mädchen sollten Sie sie in den Erkundungen unterstützen oder die „Forschungen“ selbst betreiben lassen.

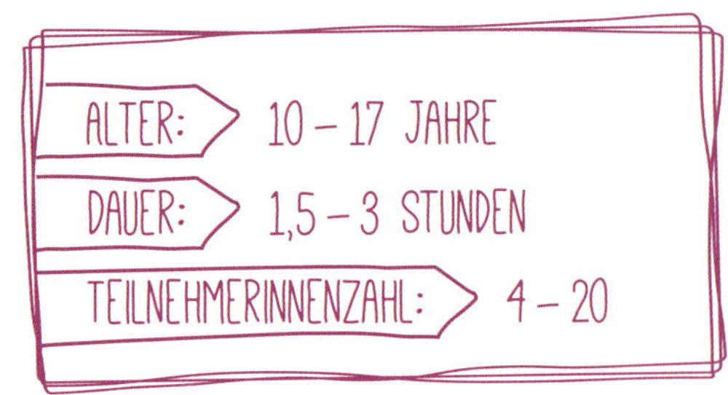

Kommen Sie mit den Mädchen und den Frauen vor Ort ins Gespräch und tauschen Sie ihre Gedanken und Gefühle aus.

TIPPS:

- Es lässt sich aus diesem Ausflug ein Fotoprojekt zum Thema „Frauen auf der Spur“ initiieren.
- Sie können aus dem Ausflug auch eine Art Schnitzeljagd machen, indem Sie vorher einen Weg für die Teilnehmerinnen markieren und an bestimmten Stellen Aufgaben lösen lassen.

KOPIERVORLAGE: FRAUEN AUF DER SPUR

Ich erforsche das Leben und Wirken von: ______

Geburts- und Todesdatum: ______

Geburtsort: ______

Was hat die Frau bewegt? ______

______

Wie hat ihr Leben wohl ausgesehen? ______

______

Welche Persönlichkeit mag die Frau gehabt haben? ______

______

Welches Schicksal hat sie zu der gemacht, die sie war oder ist? ______

______

Wie unterscheidet sich das Leben von Frauen hier und jetzt von dem der Frauen früher? ______

______

Was können wir von der Frau lernen? ______

______

Gibt es in unserer Umgebung viele Zeugnisse von Frauen oder überwiegen die von Männern? ______

______

Wie und in welcher Funktion werden Frauen in der Öffentlichkeit dargestellt?

______

______

4. BERATUNG UND HILFEN FÜR MÄDCHEN UND FRAUEN

Wer mit Mädchen arbeitet oder sich in Rahmen von Freizeitangeboten mit ihnen beschäftigt, kommt um das Thema „Mädchen und Gewalt“ nicht völlig herum. Hierbei kann es sich um körperliche, seelische und / oder sexuelle Gewalt handeln. In aller Regel sind die Mädchen die Opfer, doch sie können auch zu Täterinnen werden.

ANREGUNGEN FÜR DEN SCHUTZ VON MÄDCHEN

- Hören Sie sensibel auf das, was Ihnen die Mädchen erzählen.
- Vermitteln Sie ihnen, dass Sie als Ansprechpartnerin auch für körperliche und sexuelle Themen zur Verfügung stehen ohne dass es Ihnen unangenehm oder peinlich ist.
- Machen Sie ihnen Mut, mit Ihnen über ihre Gefühle zu sprechen.
- Hängen Sie eine Notrufnummer an einer gut sichtbaren Stelle aus.
- Fällt Ihnen an einem Mädchen ein Verhalten auf, das Sie irritiert oder unsicher werden lässt, schauen Sie weder weg noch reagieren Sie panisch. Jede, die sich mit Kindern und Jugendlichen beschäftigt, trägt eine gewisse Verantwortung für ihr Wohl. Doch niemand braucht sich allein um deren Schutz und Hilfe zu kümmern.
- Versprechen Sie den Mädchen, die Ihnen etwas anvertrauen wollen nicht, dass Sie es keinem weitersagen, sondern sagen Sie ihnen, dass Sie behutsam mit diesem Wissen umgehen werden, um ihnen zu helfen.
- Sprechen Sie mit Kolleginnen oder anderen Fachkräften über das Erfahrene oder Ihren Verdacht.
- Sprechen Sie mit den Erziehungsberechtigten über Ihre Sorge (außer es droht dem Mädchen dadurch eine Gefahr).
- Es gibt Beratungsstellen und Hilfsangebote speziell für Mädchen. An diese können sich die Mädchen allein, mit Ihrer Unterstützung oder durch Ihre Vermittlung wenden.

Hilfs- und Beratungsstellen:

BERATUNG UND HILFEN BEI SEXUELLER GEWALT
www.wildwasser.de

PORTAL FÜR KINDER UND JUGENDLICHE BEI HÄUSLICHER GEWALT
www.gewalt-ist-nie-ok.de

KINDER- UND JUGENDSCHUTZ UND ERZIEHERISCHE HILFEN DURCH DAS ÖRTLICHE JUGENDAMT
www.jugendaemter.com

HILFEPORTAL DES BUNDESMINISTERIUMS MIT SUCHMÖGLICHKEIT VON BERATUNGSSTELLEN NACH POSTLEITZAHLEN
www.hilfeportal-missbrauch.de

HILFETELEFON SEXUELLER MISSBRAUCH
Tel. 0800-22 55 530
(kostenfrei & anonym)